易经杂说 一

南怀瑾 讲述

東方出版社

编者的话

南怀瑾先生是近年来享誉国内外，特别是华人读者中的文化大师、国学大家。先生出身于书香世家，自幼饱读诗书，遍览经史子集，为其终身学业打下坚实基础；而其一生从军、执教、经商、游历、考察、讲学的经历又是不可复制的特殊经验，使得先生对国学钻研精深，体认深刻。先生于中华传统文化之儒、道、佛皆有造诣，更兼通诸子百家、诗词曲赋、天文历法、医学养生，等等，对西方文化亦有深刻体认，在中西文化界均为人敬重，堪称“一代宗师”。书剑飘零大半生后，先生终于寻根溯源返归故里，建立学堂，亲自讲解传授，为弘扬、传承和复兴民族文化精华和人文精神不遗余力，其情可感，其心可佩。

《易经》为儒家“五经”之首，又是道家“三玄”之一。自古以来讲解说明的著作不可谓不多，但对普通读者而言是“治丝而棼之”——繁而愈乱了。针对初学及学而生惑者，南怀瑾先生讲解《易经》，既不把它看作高深莫测、隐藏玄奥的天书，又否定了近代不少学者“迷信、混乱”的断语，不轻易引申，不牵强附会。书中介绍了六十四卦的来历、卜卦的若干种方法，揭示每卦每爻的原初意义，《易经》与五行、干支、《河图》《洛书》的配合运用，示范六十四卦的研究方法，说明《序卦》排列六十四卦的理由，等等。

全书深入浅出，惠泽多方。如同书后闫修篆先生所言，“本书可说是南教授学《易》的心得报告，其中揭发了很多千古不传的秘密，也有些是他个人独到的创见与发明，虽不敢说已得三圣之秘钥，但却把《易经》与我们人生的关系，更拉近了一步……”

我社与南怀瑾先生结缘于太湖大学堂。出于

对中华优秀传统文化的共同认识和传扬中华文明的强烈社会责任感、紧迫感，承蒙南怀瑾先生及其后人的信任和厚爱，独家授权，我社遵南师遗愿，陆续推出南怀瑾先生作品的简体字版，其中既包括世有公论的著述，更有令人期待的新说。对已在大陆出版过的简体字版作品，我们亦进行重新整理和修订，力求贴近原讲原述，还原作品原貌。作为一代国学宗师，南怀瑾先生“通古今之变，成一家之言”，毕生致力于民族振兴和改善社会人心。我社深感于南先生的大爱之心，谨遵学术文化“百花齐放，百家争鸣”之原则，牢记出版人的立场和使命，尽力将大师思想和著述如实呈现读者。其妙法得失，还望读者自己领会。

东方出版社

二〇一四年十二月

目　录

第七版说明

首先要说明的是，由于过去多年来，这本书的版次说明颇不统一，此次则由南怀瑾文化，于出版前，重新全盘校订，故而特别标明是二〇一八年的最新版本。

这本书是一九八七年首印出版的，由于当时的讲解，是对一般初学之众，故而内容属于入门的基础介绍，浅显易懂，且因讲解偏重文哲方面，涉及传统文化亦广。

三十年后的今天，于修订重读之际，始发觉其内容对身心修养方面的重要性，而禅宗蕅益大师之《周易禅解》，以及道家《参同契》一书，亦早释此理，只因编者愚昧不知而已。

不论是否学易，以编者拙见，但读此书中之讲解，就会得到不少启发了。

南师辞世后，所有新旧著述，已改由新设之

“南怀瑾文化”出版发行。本书的出版，晏浩学友帮忙甚多，特此向他致谢。

刘雨虹　记

二〇一八年春月

第六版说明

《易经》的道理虽云浅显，却又颇为深奥，讲课时因有语气及肢体语言为助，听众的领悟较易，改成文字后，则常感有欠清晰。本书出版时因客观因素，未能详加审阅，故后有多次修订之举。

本书原由蔡策先生根据其笔记参酌录音整理而成，再由闫修篆先生协助校阅，并核对原典。小标题乃陈世志先生（时任老古经理）及闫氏合力而为。

五版及六版的修订，乃闫氏于出差旅途中所完成。由于闫氏对易学之爱好，为便于读者了解故，再作此最后之修订。

在六版付印前夕，略追记本书出版之经过，并向前述蔡、闫、陈等先生之贡献心力致谢。

本书已于今年三月在北京印行简体字版，初次印刷四万册，并已于六月再版。

刘雨虹　记

一九九四年七月

第五版说明

本书出版未几，即已五版问世，可见它是多么适合社会大众需要的一本书。我们原计划是将作者南怀瑾先生有关《易经》的讲演用《易经杂说》（一）（二）（三）等方式出版，迨第（二）集打印完成，发现我们原来的想法错了。拟出版的《易经杂说》（二）是作者对孔子《系传》完整的演讲记录，如以“杂说”方式出版，似欠允妥。几经研究，爰以《易经系传别讲》与读者见面，本书今后仍以《易经杂说》发行，不再出版续册。设想不周之处，敬请读者见谅！

第四版说明

《易经杂说》一书，因出版时间匆促，错误难免，故而每次再版都又详加修订，现在是第四版的订正了，希望能更臻完善。

本书出版以来，读者不断询问第二集出版日期。事实上我们一直忙于整理作者另一部《易经》讲集，就是孔子的《系传》。

现在《易经杂说》第二集已进入排版阶段了，预计年底前出书，敬请读者企待。

再版前言

本书出版后，读者响应的热烈，非常超过预料，短期中即销售一空。事实上，这本书能够出版，也是因为读者热烈要求的结果。

本书是南怀瑾教授的讲课记录，时间是一九七五年的冬季，因系随兴而讲，并未准备出版。

近年来，台湾及海外华人研究《易经》的风气越来越盛，而来函询问南师《易经》讲记的人士，更是越来越多。因此之故，本社即着手将《易经》讲演录音整理出书。

但因南师游方海外，本书出版前未能经其过目。又因时间关系，初版匆匆，其中或有错误及不畅之处，值此再版机缘，虽加修订，仍嫌未能详尽，却再因读者催促，又匆匆付印。

这样一本书，受着需求的影响，虽欲求其完美尚不能如愿。这，不能不说是一件奇事。

故而，只好趁再版机缘，敬请高明指教并读者原谅了。

刘雨虹　记

一九八九年

敲门砖

中国人一般的观念，讲到《易经》就想到八卦，想到八卦就和唱平剧拿鹅毛扇穿八卦道袍的联了起来，好像学了《易经》以后，便可天上知一半、地下全知的样子。能不能达到这个程度，可是一个很大的问题。《易经》是不是包括了那么多东西，能不能知道过去、未来，这是一个很有趣的问题，也是很大的问题。

刚才提到唱平剧，我们对《易经》，从平剧《三国演义》中就可以了解到，中国平剧非常注重脸谱和服装，舞台上穿件八卦道袍，我们现在看起来像是妖道，实际上八卦代表了最高的智慧。所以有人说“《易经》是经典中之经典，哲学中之哲学，智慧中之智慧”，这是我们自己站在本位文化的立场来推崇《易经》的看法。

此外，我们看见平剧中的脸谱，有的在额上

画一个太极图，就是表征这位剧中人的头脑中充满了智慧——上通天文，下知地理。从这种戏剧艺术表现方面，就看到了《易经》在中国文化上的地位，被一般人重视的程度了，这是就好的一面看；就坏的一面看，一提到《易经》，有人就联想到那些跑江湖的、算命的、看风水的、卜卦的……那些江湖术士，不管哪一种看法，都表示我们对于自己的文化，认识是不够的。今天我们开始研究《易经》，所要走的路线，因为大部分人以前还没有接触过，所以我们在这里先要使大家知道怎样去读《易经》这部书，先从怎样去认识它、怎样去了解它开始。至于深入的研究，有人研究了一辈子，也还没有搞清楚的，包括我在内，研究了大半辈子，还跟一个初学的人差不多。实际上，讲这门学问，我自己都是战战兢兢的，觉得自己非常肤浅，没有办法向大家报告，不过有一点点可以提供大家的，亦只是一块敲门砖而已。

洁静精微

现在我们先说古人对《易经》的重视。《礼记》的《经解》篇中，提到《易经》时说："洁静精微，易教也。"据说这是孔子整理《易经》以后所作的结论，对《易经》的评语。"洁静精微"这四个字，看来很简单，而它的含义却很深广。"洁静"包括了宗教的、哲学的多种含义，就是说学了《易经》，他心理的思想、情绪的变动，是非常清洁而宁静的。"精微"两字则是科学的，所以学《易》的人，头脑要非常冷静，我常常告诉年轻的同学们："晚上不要读《易经》。"他们不大相信，因为老辈们说《易经》可以避邪，凡是不正的妖魔鬼怪都怕《易经》，因之有人生了重病，在枕边放一本《易经》，就可把鬼祟赶跑；又说《易经》一读，鬼神听到了都不得安宁，所以夜里不读《易经》。

最初我也很喜欢夜里读《易经》，可是夜里一读，一夜就完了。以后我也就不敢读了，因为夜间一读《易经》，一夜都不能睡觉，一个问题找到了答案，同时又会发生另一个新的问题，于是不断发现问题，不断发现新的道理……越研究越没完，研究下去，不知不觉就到了天亮。所以深深体会到古人“闲坐小窗读《周易》，不知春去已多时”，一个春天过完了还不知道的情景。为什么时间过去了都不知道？因为研究《易经》，需要一个非常冷静的头脑，非常精密的思想，所以《易》之教，是“洁静精微”，这是孔子对于《易经》的评价，有如此之严重。

但是在《经解》中，对《易经》也有反面的批评，怎么说呢？他说《易经》的流弊是：“易之失，贼。”就是一个“贼”字，学了《易经》的人，如不走正路，旁门左道，就贼头贼脑，把上知天文、下知地理那一套，拿起鹅毛扇，鬼头鬼脑地扇动别人来造反。这是我们自己文化中对《易经》最好的评论，一个“贼”字的断语下得非常妙。

历史上汉朝的王凤、唐代的虞世南（唐太宗的宰相，创业时的“秘书长”，也是他的好朋友）推崇《易经》说：“不读《易》不可为将相。”不学《易经》的人，不能做一个很好的宰相，亦不能做一个很好的大将，推崇《易经》有如此的重要。

我们知道了这些以后，至少可以鼓励自己，对于老祖宗留下来的这部书，到底画的是些什么名堂，非要弄个清楚不可。譬如有人认为房子对面有一个什么煞，就到街上买一个八卦回来，在门口一挂，好像就可以保险了，这中间究竟有什么作用？有没有这种作用？

三　易

易学有如此的重要，我们该怎样去研究它呢？大家要注意，各位手边的《易经集注》，只是中国《易经》学问的一部分。这本书也叫《周易》，是周文王在羑里坐牢的时候，他研究《易经》的心得记录。我们儒家的文化，道家的文化，一切中国的文化，都是从文王著作了这本《易经》以后，才开始发展下来的。所以诸子百家之说，都渊源于这本书，都渊源于《易经》所画的这几个卦。事实上还有两种《易经》，一种叫《连山易》，一种叫《归藏易》，加上我们手边所持的《周易》，总称为“三易”。《连山易》是神农时代的《易》，八卦的先后位置，和《周易》的八卦位置是不一样的。黄帝时代的《易》为《归藏易》。《连山易》以艮卦开始，《归藏易》以坤卦开始，到了《周易》则以乾卦开始，这是“三易”的不同之处。说到这里，我们要有一个概念，现在的人讲《易经》，往往被这一本《周易》范围住了，因为有人说《连山易》和《归藏易》已经遗失了、绝传了。事实上还有没有？这是一个大问题，可以说现在我们中国“江湖”中人所讲的这一套东西，如医药、堪舆，还有道家这一方面的东西，都是《连山》《归藏》两种易学的结合。

《易经》的三原则

《连山》《归藏》以外，《周易》本身这门学问中有一个原则，亦叫作“三易”，意思是说《易经》包括了三个大原则，就是：一、变易；二、简易；三、不易。研究《易经》，先要了解这三大原则的道理。

（1）变易

第一，所谓变易，是《易经》告诉我们，世界上的事，世界上的人，乃至宇宙万物，没有一样东西是不变的。在时、空当中，没有一事、没有一物、没有一情况、没有一思想是不变的，不可能不变，一定要变的。譬如我们坐在这里，第一秒钟坐下来的时候，已经在变了，立即第二秒钟的情况又不同了。时间不同，环境不同，情感亦不同，精神亦不同，万事万物，随时随地，都在变中，非变不可，没有不变的事物。所以学

《易》先要知道“变”，高等智慧的人，不但知变而且能适应这个变，这就是为什么不学《易》不能为将相的道理了。

由这一点，我们同时亦了解到印度佛学中的一个名词“无常”。这个名词后来慢慢地被一般人变成了迷信的色彩，变成城隍庙里塑的一个鬼，高高瘦瘦，穿白袍，戴高帽，舌头吐得很长，名“白无常”，都说这个“无常鬼”来了，人就要死亡，这是迷信。实际上“无常”这名词，是一种佛理，意思是说世界上没有一种东西能永恒存在的，所以名为“无常”，这就是《易经》中变易的道理。我们中国文化中的《易经》的原则，认为宇宙中的万事万物，是没有不变的，非变不可，这是原则。印度人则是就现象而言，譬如看见一幢房子盖起来，便想到这房子将来一定会倒塌，看见人生下来，也想到人一定会病、会老、会死，这是看现象而名之为“无常”。

（2）简易

第二，简易。宇宙间万事万物，有许多是我

们的智慧知识没有办法了解的。在这里产生了一个问题，也可以说是哲学上的一个对比，我常常跟朋友们讲，天地间“有其理无其事”的现象，那是我们的经验还不够，科学的实验还没有出现，“有其事不知其理”的，那是我们的智慧不够。换句话说，宇宙间的任何事物，有其事必有其理，有这样一件事，就一定有它的原理，只是我们的智慧不够，经验不足，找不出它的原理而已。而《易经》的简易也是最高的原则，宇宙间无论如何奥妙的事物，当我们的智慧够了，了解它以后，就变得很平常，很平凡而且非常简单。我们看平剧里的诸葛亮，伸出几个手指，那么轮流一掐，就知道过去、未来。有没有这个道理？有，有这个方法。古人懂了《易经》的法则以后，懂了宇宙事物以后，把八卦的图案排在指节上面，再加上时间的关系，空间的关系，把数学的公式排上去，就可以推算出发生的事情来。这就是把那么复杂的道理，予以简化，所以叫作简易。那么，《易经》首先告诉我们宇宙间的事物无时不变，尽管变的法则极其复杂，不管宇宙万事万物的现象如何错综复杂，在我们懂了原理、原则以后，就非常简单了。

（3）不易

第三，不易。前面说过，宇宙万事万物随时随地都在变的，可是却有一项永远不变的东西存在，就是能变出来万象的那个东西，却是不变的，是永恒存在的。那个东西是什么呢？宗教家叫它是“上帝”、是“神”、是“主宰”、是“佛”、是“菩萨”。哲学家叫它是“本体”，科学家叫它是“功能”。不管它是什么名称，反正有这样一个东西，那个东西则是不变的，能变万有、万物、万事的那个“它”是永远不变的。

这是《易经》的三个原则，先要懂得。

理、象、数

懂了这三个原则以后，还有三个法则要懂得，这三个法则就是我们手边这部《易经》的三个内涵：理、象、数。

这些基本原则先要记住，才能研究《易经》，现在先解释这三个字。

根据《易经》的观点看宇宙的万事万物——人生也好，情绪也好，思想也好……都有它的原则和道理。以我们现代的观念而言，理是属于哲学的，宇宙间万事万物既都有它的理，也必有它的象；反过来说，宇宙间的任何一个现象，也一定有它的理，同时每个现象，又一定有它的数。譬如这个录音带，是录音用的，它能录音，其中有很多理；录音带的样子、大小等，还会放出声音，就是它的象；这卷录音带，若干分钟可以录完，有若干长，若干宽，这就是它的数。万事万物都有它的理、它的象和它的数。

所以研究《易经》的学问，有些人以“理”去解释《易经》，有些人以“象”去解释《易经》，有些人以“数”去解释《易经》。古代的人掐指一算，万事皆知，那就是了解了易数的原故。宇宙间万事万物都有它的数，这是必然的过程，譬如我们举起桌上的茶杯，左右摇摆，这就是一个象；而左右摇摆了多少度，多少秒钟摇摆一次，就有它的数；为什么要摇摆，就有它的理——是我为了使大家更具体了解《易经》理、象、数的道理所做的动作。所以《易经》每一卦、每一爻、每一点，都包含有理、象、数三种含义在内。人处在世界上，与这个世界的关系不停地在变，只要发生了变，便包含了它的理、象、数。人的智慧如果懂了事物的理、象、数，就会知道这事物的变，每个现象到了一定的数，一定会变，为什么会变，有它的道理，完全明白了这些，就万事通达了。理、象、数通了，就能知变、通、达，万事前知了。

我常常告诉同学，最好不要去钻研《易》

这门学问，如果钻进去了，会同我一样，爬不出来。如果一定要学，也最好只学一半。如果真把《易经》学通了，做人就没得味道了。譬如要出门了，因为《易》学通了，知道这次出门会跌倒，于是不出门了，一步都懒得动了。像这样的人生，还有什么味道？何必去学？所以我说学《易》最好只学一半，觉得奥妙无穷，如黑夜摸路，眼前迷迷茫茫，蛮有趣的；天完全亮了走路，眼前有一个坑，会掉下去，看得清清楚楚，于是不走了。可见学通了《易经》非常乏味，何必去学？话虽这么说，但学《易》真的通了，哪里还用来讲《易经》，我现在还来讲《易经》，可见就是半吊子，还不通。像我这样不通的人，在这里吹这些东西，或许可以帮助大家摸摸这条路，如果有位真正通《易》的人，知道我们在这里研究《易经》，看我们盲目得太可怜了，也许会同情我们，高兴来带带路，也说不定。

理论讲到这里，以下我们进行八卦的研究。

玩索而有得

我们现在开始研究《易经》，有一个法则要把握住，这个法则就在手边这本书上，孔子研究了《易经》以后说出来的。他这句话很妙，他说：“玩索而有得。”学《易经》最好用打麻将的方式来学它，如果把八卦刻在麻将牌上，摸起来就趣味无穷了。孔子教我们念别的书，都是要持严肃的态度，唯有教我们学《易》，要“玩索而有得”，要天天玩它。我年轻时读《易经》，老师硬叫背，痛苦之至，问他这些话是什么道理，他也不讲，大概他亦没弄清楚，只认识书上的文字。自己后来年纪大了，慢慢摸这个东西，就发现需要玩了，最初用象棋子，画上八卦排来排去，后来干脆改用麻将牌。现在一直想改用电脑，可惜没有时间去研究制作，最好能像科学馆的天文仪一样来玩，所以《易经》要“玩索而有得”。要玩什么？玩卦。

卦与八卦

什么叫作卦？古人解释：“卦者挂也。”等于没有解释。实际上是说，卦就是挂起来的现象，八卦就是告诉我们宇宙之间有八个东西，这八个东西的现象挂出来，就是八卦。这个宇宙就是一本《易经》，宇宙的现象都挂在那里，现在我们先了解它的原理。

☰第一个乾卦代表天，我们仰头一看，天总是在上面，到了太空倒转头来，头上还是天，天一定在头顶的。

☷坤卦是地，人类是地球的文化，地总是踩在脚底下，这个是地的现象也挂在那里。

☰、☷这两个符号，代表了时间、空间、宇宙。在这个天地以内，有两个大东西，一个是太阳，一个是月亮，像球一样，不断在转，所以：

☲离卦代表太阳。

☵坎卦代表月亮。

这两个东西不停地旋转于天地之间，于是有四个卦挂出来了，还有两个卦是雷、风。

☳震卦代表雷，我们以现代科学的知识和观念，来说明我们自己老祖宗的文化，他们认为宇宙间有这种能，电震动了就是雷，一震动以后，对面变成气流了，就是风。

☴巽卦代表风，亦即是气流，气流震动得太厉害，一摩擦又发电，又回转来了，就是“雷风相薄”，这是雷、风两个卦。

还有两个卦是：

☶艮卦代表高山、陆地。

☱兑卦代表海洋、河流。

在宇宙间，除了这八个大现象以外，再找不出第九样大的东西了，这只说大的，不说小的，如说小的，西装亦一卦，灰尘亦一卦，那就多得很，不能再讲了。大的现象只有八个，没有九个，亦不能七个，只有八个卦，而且都是对立的。可是这八个现象，变化起来就大极了，是无穷的，不能穷尽的数字，变化当然也是无穷无尽的。

现在看伏羲八卦方位图。

《说卦传》：

天地定位。山泽通气。雷风相薄。

水火不相射。八卦相错。

这个卦图以前是不用的，在唐宋以前没有看见过，在宋以后才出现这个图。过去研究《易经》，只研究《周易》，研究的人多构成自己的图案，到宋朝以后，宋版的《易经》始用这里的图案，宇宙变化就从这里来的。其次，我们懂了“卦者挂也”的道理以后，再来看《易经》的卦，不必那么严重，但亦不简单，要轻松地去看。

后面是文王八卦方位图，八个卦排列的位置不同：

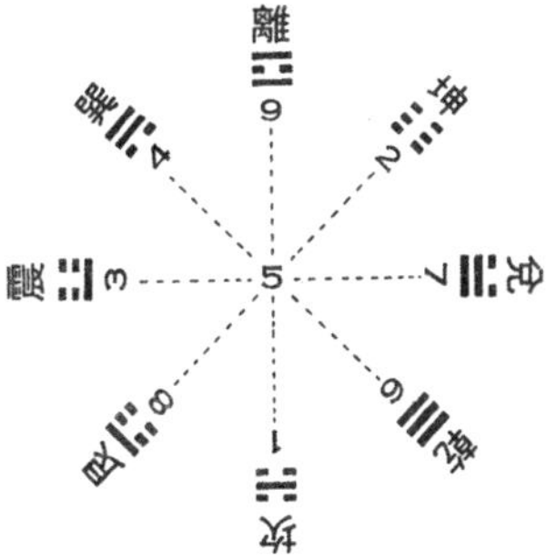

《说卦传》：

帝出乎震。齐乎巽。相见乎离。

致役乎坤。说言乎兑。战乎乾。

劳乎坎。成言乎艮。

伏羲八卦方位图又名“先天八卦”，文王八卦方位图又名“后天八卦”。

先天八卦

什么叫“先天”？以哲学的观点说，宇宙万物没有形成以前，即是所谓的先天，有了宇宙万物，那就是后天了。换言之，我这个人，在母亲未生我以前，是我的先天，生了我以后，就是我这个人的后天。在娘胎里是先天，离开了娘胎是后天，这是先天、后天的观念。先后天这两个名词，只是一种代号的作用，以逻辑来说，这只是一种界说，用以划分出阶段范围而已。

伏羲的“先天八卦”，画在纸上是平面的，看起来好像毫无道理。假如有一种仪器，使其立体化，就更容易表现出它的精神了。现在写在纸上的，只不过是一种符号，譬如现在的乾卦，是☰这样的三横，但在古代却并不一定是这样画的，像我们在甲骨文中看到的 ||| 和 ∴ 都是乾卦，所以大家不要把卦看得那么呆板严重，好像

说门口挂上八卦，把鬼都可以赶跑，那是我们人的伟大，不是卦的伟大。不过到现在，对于卦的符号，早已经确定下来了。

字是写的，卦是画的，所以我们叫作画卦。人类原始的时候没有文字，中国的原始文字都是图画，像“鸟”字，原来就画成一只鸟的样子，日月山水舟车虫鱼都是这样，可知中国文字的起源就是图画。卦的图案，每个卦都有三画，我们称为三画卦，卦中的画叫“爻”。为什么叫“爻”？“爻者，交也。”为什么“爻”就是交？这是说明卦在告诉我们，宇宙间万事万物，时时都在交流，不停地发生关系，引起变化，所以叫作“爻”。

☰乾卦的三爻，都是完整的⚊，这叫作“阳爻”（大家不要上当，我们中国人一遇到“阳”“阴”，马上产生一种神秘的观念，觉得奇怪，其实并不奇怪，“阴、阳”也一样的只是一种代号）。一画在中间断裂的如⚋，叫作阴爻，两个是相对的。

三个阳爻，完整的三画，为乾卦，代表天；

三个阴爻，断裂的三画，为坤卦，代表地。在人来说，乾卦代表男人，坤卦代表女人；以一只手来说，手背是乾，手心是坤。由此可知，这只是一种不定的代号，也是一种数理的符号，这种符号可以有很多方面的用法。

八卦的图案，乾卦代表天在上，坤卦代表地在下，画出来就是前面伏羲的先天图，它的方位，和现代我们所用地图，上为北方、下为南方的情形，恰恰相反。八卦的方位，上面是南方，下面则是北方。它的图是这样的：

现代地图方位

八卦方位图

两者不同，各有它的道理存在。

刚才我们谈的是乾卦与坤卦，现在再提出来一个卦，这个卦下面是阳爻，上面也是阳爻，中间一爻是阴爻——☲——这是离卦，代表太阳，位置在东方。离卦☲这样画，实际上古人已经看到，太阳中间有一个黑点，外面两爻是阳爻，中间是阴爻，光明的，看得见的是阳，看不见的是阴，所以这是代表太阳，叫离卦，亦代表火，代表光明。

离卦的对方是☵，下面是阴爻，中间是阳爻，上面是阴爻，卦名叫坎，代表月亮，这现象表现太阳在东方挂起来了，月亮挂到西方去了。太阳、月亮绕着南北磁场之间一条无形的线在转，以现代的科学来说，古人太不科学了，太阳、月亮怎么是绕地球转的？但是古人站在地球上看太阳、月亮的出没，的确是这种现象，古人把眼见的现象，用八卦这样简单地表现出来，亦不能说不科学。以地球为本位，当然是太阳跟着地球转，以太阳为本位则自然是地球绕它转了，各个立场不同，并没有错，是很科学的。现在我们假定把时间和环境拉回到三千年以上，就可以了解古人是很科学的了。再往前看，在一百年以后的人，来看我们现在这个时代的人，也同样是很不科学、很落伍的。

这个坎卦，代表月亮，也代表水。

有人讲《易经》的科学，问老祖宗画卦是怎样来的？答案是观察来的，是依据科学来的。但是依我的看法，它不像是我们这一个时期的人类文化，而是上一个冰河时期的人类文化，发达到最高点，把科学的无数法则，归纳又归纳，最后归纳到八个简单的符号——八卦，留下来的这么一点东西，被我们的老祖宗发现了拿来用。我想我们的老祖宗，说不定还不会有那么高的智慧达到能够创造出来《易经》的程度。《易经》的法则，随便用在哪里都通的，以现在的科学来看，《易经》的法则，用在化学上亦通，用在物理上亦通，所以《易经》的法则，真正是人类智慧的结晶。

现在，乾、坤、离、坎四个大卦，挂在那里大家都看得见的，就是天、地、日、月四个大象。

☳这个卦，下面一爻是阳爻，上面两爻是阴爻，这个卦名为震。“震为雷”，它代表的是雷电、动能，以现代的观念来说，宇宙间有一种动能，而动能最大的现象就是雷电，在八卦图上，它的位置放在东北角上。

在震卦的对面西南角上的一个卦是：

☴下面一爻是阴爻，上面两爻是阳爻，恰和震卦的阴阳爻相对，这个卦名是巽，代表宇宙的气，代表风。

仔细再看这两个卦的卦象，震卦正是一种震动的现象，打雷了，雷电震动以后，阳变为阴，阴变为阳，就变成气流了。这两个卦的位置相对，名为“对宫卦”。一般人去算命，算命先生说这命是哪一宫。一般人听到“宫”字，就联想到宫殿，想到自己是皇帝、皇后了。实在不是这个意思，古人说的“宫”，就是位置、方位。震卦的对宫卦就是巽卦，宇宙的雷电一震动，就发生大气流，大气流摩擦，又发生雷电，这两个不断地在互相变化。

另外在图的西北角上，下面两爻是阴爻，上面一爻是阳爻，形成：

☶艮卦，代表山，它的对宫卦是：

☱下面两爻是阳爻，上面一爻是阴爻，名兑卦，又叫作泽，代表海洋江河。这是先天八卦图的基本观念。

其次要注意的，是先天八卦图的“数”，乃依据八卦排列的秩序产生的。“数”在《易经》里是很奇妙的，人们在遇到不如意的事之后，往往认为这些事的发生，是有定数的。我们知道，在世界科学史上，天文和数学，都是以我们中国的最古老，当时我们已经进步到归纳的数理。现代西方的数学，都是向外演绎的，越算方法越多，中国的文化是讲归纳的，就是把很多的公式、方法，一个一个慢慢归纳起来，最后只归纳到十个数，而且方法非常简单，只是加与减。“加减”就哲学的观点而言，宇宙的万物，不是增加，就是减少，没有第三个现象。现在这个先天八卦图的数字排法是：乾一、兑二、离三、震四、巽五、坎六、艮七、坤八。这八个数字，如果连接起来，它的顺序方向是一条线自正南乾起，走向东南兑，而东方离，而最后至东北震，这是顺。另一条线，是起自西南的巽卦，而走向西方的坎，而西北的艮，终于正北的坤，这是逆。九在中央。这个先天卦的数要背诵得滚瓜烂熟，以后研究易数，随时随地都用得着，这是要特别注意的。

这八个卦，是古人告诉我们，天地间就是这八个大现象在变化，这些图案都是相对的，如乾卦三条完整的━代表完全的阳，而对面三条中间断裂的╍坤卦，代表完全的阴，两卦的现象是相对的，坎、离是相对的，震与巽、艮与兑都是阴阳相对的。举物理的例子来说，桌子上的这个毛巾、碟子，大家所看见的，同是一个圆的盘子，黄色的毛巾，第一个原因是我们每人的感受，尽管眼睛有近视、老花或散光，而感受是一样的；第二个原因，物体形状、颜色的不同，拿到物理实验室去分析，只是构成物体原子的排列不同，而呈现了形状、颜色等等的不同。如构成钻石的原子，是和构成煤的原子一样的，只不过是原子的排列不同，于是就分别构成了钻石与煤，这是现代科学帮助了我们对物质的了解，而我们的老祖宗早已了解这个道理，组合排列不同，现象亦变了，作用亦变了，数字亦变了，效果亦变了。由此亦可了解人事的法则，譬如讲领导学，同样三个人一组，甲当组长，乙丙当组员，如改为乙当组长，甲丙当组员，那么领导的方法就变了，作用亦变了，效率亦变了，这亦同样是这个道理，组合排列一有变化，整个事物都会变。我们今天看到美国总统领导的政府又换了人，它的组合排列变了，它这个八卦又要动了。所以古人说："善易者不言卜。"通了《易经》的人，不必算卦，一看现象，就了然了。在后来发展到一种"梅花易数"，听别人的声音，一句话，就知道了问卜的结果，这种卜卦的方法，就是根据问卜的时间、空间，当时环境、景物，问卜者的身份以及所问的事情等等因素，以《易经》的数理推算结果出来，没有什么稀奇。

现在，就先天八卦，除掉乾、坤、坎、离四个卦，我们不去管它，看另外四个卦：

☶艮卦，图案就是高山，下面两爻是阴爻，上面是阳爻，画成线条，就是高山。地球开始形成，原来是一大块浓浆，渐渐冷却，凝固起来就是高山，下面平地，再下去就是海洋，阴的上面是阳爻，成凸出的高山。

☱相反的，地球的下面是海洋，海洋下面的海底又是石块为阳，就是兑卦，和高山相对的，这和震、巽两卦相对，雷电的震动产生气流，气流的摩擦产生雷电的道理一样。

这个图案，就叫作“先天八卦”，亦叫作“伏羲八卦”，因为我们的老祖宗伏羲，在黄帝、神农以前，伏羲还不是最早的老祖宗，以前还有天皇氏、地皇氏、人皇氏，慢慢才到伏羲，照我们旧观念的说法，我们的历史文化，到现在已经是两百多万年。现在的一九七五年，是根据西洋文化来说的，或说中国文化三千年、五千年，都是跟着西洋人说的，是我们的谦虚，在这运气不好的时候，只有谦虚一点，等到运气好的时候，再说我们的历史有两百多万年。所以伏羲并不是我们最老的老祖宗，只是代表我们八卦的文化，是从他开始。

现在我们把中国的地形图放在前面，那就更妙了。当时画八卦，是以我们中国为本位，试依艮、兑、震、巽四个卦的位置看，艮卦在西北，而我国西北高原是高山，艮卦是代表山，由艮卦一直下来，到东南是兑卦，而我国的东南，正是海洋。西南是巽卦，代表风。我自己的经历，当年到了云南，去洱海经过下关，这里以风大著名，十轮大卡车经过这里，可以关了油门，任风吹着走，云南在西南边陲，就有这个现象。等于现在说基隆宜兰一带多雨，是“金生丽水”，因为这一带有金矿，向来有金矿的地方都是多雨的，这是现象，有没有道理，尚待研究。但是西南多风，东南多河川及海洋，东北多震雷，西北多高山，这个八卦的图案，代表了宇宙的一切现象，平面的现象，代表了中国的地形，因为这是以中国为本位的。关于这一点，举个现在的事例来说明。曾有一位跟我学《易》的学生，在澳洲当“大使”，后来要修“大使馆”，写信来问，在澳洲用罗盘是不是和在国内一样的用法。这是一个前所未有的新问题，因为《易经》八卦是以中国为本位，所以在五行方位上，南方为火，北方为水，而澳洲在赤道以南，现象恰恰和我们相反。一时之间，几乎把我问倒了，所有以前《易经》方面的著作，都没有谈过这个问题，又没有办法去问老祖宗们，经过仔细一想，所谓“万物一太极”，从这句话想出道理来了，告诉他把罗盘的南北向倒过来用。后来他写信告诉我，照这个方法用，结果非常灵，这就是堪舆学的“移形换步”。譬如一张桌子，换一个位置，所形成的状况，坐在那里所看见的现象，就和以前不同了。

这是初步介绍“先天八卦”，亦即“伏羲八卦”图案的大概，获得一个基本的概念，接下来介绍“后天八卦”，亦即是“文王八卦”的方位。

后天八卦

“后天八卦”的卦，还是乾、坤、离、坎、震、艮、巽、兑八个卦，可是图案上摆的位置完全不同了。周文王的八卦，为什么卦的方位要作这样的摆法，这要特别注意。假使对《易经》学到需要在某一方面应用，而且用得有功效，就要特别研究后天八卦了。“先天八卦”等于是表明宇宙形成的那个大现象，“后天八卦”是说明宇宙以内的变化和运用的法则。

从前面画的图可以看到，后天八卦的位置，坎卦在北方，离卦在南方，震卦在东方，震卦对面的西方是兑卦，东南是巽卦，东北是艮卦，西南是坤卦，西北是乾卦。

说到这里，先讲一点八卦的运用，现在大家把这个后天八卦，放到左手的手指上，排的位置是这样的：

无名指的根节上放乾卦，中指的根节上放坎卦，食指的根节放艮卦，食指的中节放震卦，食指的尖节放巽卦，中指的尖节放离卦，无名指的尖节放坤卦，无名指的中节放兑卦：

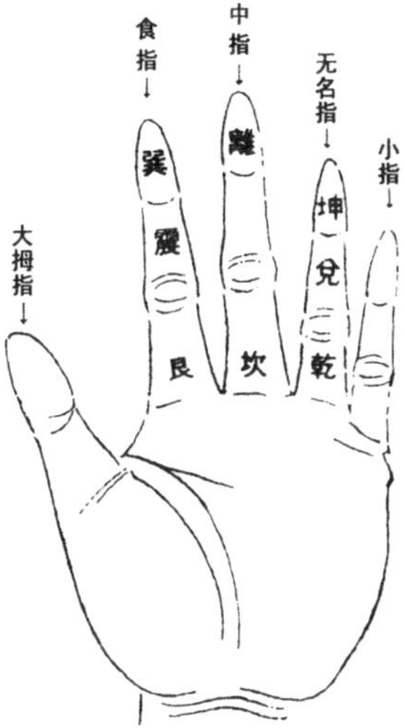

我们看了这幅手掌图，谁能说我们不科学！能把如此一个大宇宙的法则，放在几个手指上搬来搬去，太科学了！太科学了！带一副仪器在身上，多么不方便，这样放在手心上玩，要多方便有多方便，指断了还可在手掌心上用，真是再高明不过了！可见说八卦不科学的人，一定是不科学的人，一定没有学好科学；真的学好了科学的人，看它都很合乎科学方法。任何一件事，都有它的道理、原因和方法，不能说自己所不懂的，就指为不科学，只是观念不同，方式不同。古人在八卦的运用上，不用电脑，就能用这个方法算出来，多简便，能说不科学吗？

记住了这个手指上的后天八卦，要注意同时记住几个数字，记忆的方法，可以用下面四句歌词背诵下来，更容易记住：

“一数坎兮二数坤，三震四巽数中分，五寄中宫六乾是，七兑八艮九离门。”

由这首歌谣，可见古人教育方法的高明，把如此复杂难记忆的事，写成韵文以后，可以唱出来，不但容易学，容易熟记，尤其容易运用了。

从图上看数字，好像很乱，其实仔细研究一下，一点也不乱，试把这个八卦圆图，加几条线，改成方图：

巽四	离九	坤二
震三	五	兑七
艮八	坎一	乾六

从这个图的位置上看，凡是相对的两个卦加起来，都得十的和数，如果连中心的五亦计进去，则无论任何一行，横的、直的、斜的三格总和都是十五，而两卦相加，都合而为十。所以中国人、印度人，乃至天主教徒，行礼都是两掌合起，就是合十。更奇怪的，西方宗教崇信的亦是十字架。

数是科学的东西，其中的道理非常多，不要轻视它。我们即使不管八卦，以这个数字排列的现象，以这个法则来领导人事、管理人事、处理家务、驾车，乃至打西洋拳都有用处，这是运用它的道理，不是迷信。

监本《易经》

《易经》为什么不容易看懂？因为对象、数方面没有基本的认识，所以必须把《易经》的象（这个“象”我们不妨轻松点，以现代语来说它是图案画）认识清楚。《易经》不像别的书本，听过了就算了。同时，讲《易经》有一个系统，假使中间缺了一节，以后就接不上了。还有学《易经》，其中的注解，有的是不对的，不能看的，尤其宋朝朱熹注的《易经》，也许比我高明，但他似乎根本还没有读通，如参考他的，就完全走错了路。而且宋朝以后的《易经》注解，多数是走物理的路线，就是用儒家的学术思想来解释《易经》，而我们手边的这本《易经》，过去叫作监本，就是明朝以后的国子监——近乎现代的国立大学的课本。这个监本是明朝儒家采用了朱熹的思想而定的。明清以来，我们讲孔孟之学，大部分都倾向于朱熹的思想。明朝之所以捧朱熹，等于唐太宗捧道教，因为老子姓李，唐太宗也姓李。明朝的皇帝姓朱，所以也找出一个姓朱的人来捧。明朝永乐皇帝以后，硬性规定，考功名时，四书五经必定要用朱注的，所以我们几百年来的文化思想，受这个规定的祸害很大，他们都是用儒家四书五经的思想来讲《易经》的理。如果研究《易经》有兴趣，学久了就会知道，《易经》的理，不必太偏重它，但并不是不重视，因为研究几年，懂了《易经》以后，大家都会说理。譬如对于乾卦，朱熹认为是那样，我们亦可以认为是这样，各有各的理，正理只有一条，歪理可有千条。而《易》的象与数，却是科学的，没有办法讲歪的，就非要学会它的规矩、法则，才能懂得《易经》。可是千古以来，有关《易经》的书本，都不肯把这个规矩说清楚，乃至于老师都不肯说清楚。在抗战时期，有一位留美学科学的四川朋友，对象数很有研究，但却不肯随便教人，所以对象数我们要特别注意。

六十四卦的来源

《易》的象、数，该如何开始学起？大家要先把八卦、六十四卦默诵熟了，不过这很困难，但是每天如果能够抽出十分钟到十五分钟，坐在公共汽车上背诵，三个星期就默诵熟了。一般文章，论也好，述也好，句句有道理，还容易默诵；八卦的乾三连、坤六断、震仰盂、艮覆碗、离中虚、坎中满、兑上缺、巽下断，这八个卦，是韵文，也还易默诵。至于八八六十四卦，就难了。从中国学术史上看，唐宋以前，还没有分宫卦象次序，学《易经》，默诵《易经》，还没有这个分宫卦象次序可资遵循，就更不容易记忆。还是到宋朝以后，才把这个次序列出来。这个次序的排列，是有一定的道理的，是由每一卦变出了八个卦，八个卦变成六十四卦，如乾卦的变：

䷀乾为天 ䷫天风姤 ䷠天山遁 ䷋天地否

䷓风地观 ䷖山地剥 ䷢火地晋 ䷍火天大有

乾为天，乾是卦名，接下来天风姤，为什么接下来就是天风姤？是什么道理？为这问题，我们当年是吃过苦头的，向老师提出这个问题来，老师只是说“先默诵”，只好背诵，可是到底讲了些什么东西则不知道。心里真纳闷，只好去背诵。现在可以告诉大家一个秘诀，一定背诵得来，这就是要先明理，理懂了，就容易背诵。

像这个☰乾卦，从下数到上，有三爻，名三爻卦，这是先天卦的画法，是伏羲画的卦，亦是中国有文字的开始。这八个图案，是中国文字的始源，亦是中国文化思想的来源。后来人类社会越发展，人事越复杂，三爻卦已经不够用，就变成了六爻卦，如䷀乾为天，便是六爻卦。现在的卜卦者所卜的卦，就是六爻卦。后天卦统统是六爻的图案，这六爻卦是很精细的，亦是很科学的。

为什么要用六爻？因为一直到现代的科学时

代为止，宇宙间的事情、物理，没有超过六个阶段的，一切的变，只能变到第六个阶段，第七个变，是另外一个局面开始。以现代科学证明，物理上、化学上、电子、原子的变，都是六个阶段，只有化学的变有七个阶段，可是化学的第七个阶段是死的，没有用的。我们的老祖宗的头脑真厉害，当时并没有仪器，不知是如何发现了宇宙间一切事物，变的阶段不会超过六个的大原则。到今天为止，把全世界的文化集中起来，亦没有超过这个范围，所以后天只用六爻变，这是我们现代的解释。

古代的解释，孔子在《系传》中说六爻的道理是："六爻之动，三极之道也。"什么是"三极"？就是天地人三才。人文文化中是人就有男有女，亦即有阳有阴，三才有阴阳相对，三二就得六，这是孔老夫子的心得报告，几千年来没有脱离他的范围。

这些是我当年吃过苦头得来的，现在不再带大家去绕那些迂回的路。从我的经验中找一条捷径，使初步学《易》的人可走，使大家在很短的时间就可以懂得，至少可以把门打开了。

要注意的，画八卦是从下面画起，不像写字是从上面写起，如䷾既济卦，第一爻是阳爻，第二爻是阴爻，第三爻是阳爻，第四爻是阴爻，第五爻是阳爻，第六爻是阴爻，这样一路往上画的。学《易经》是学哲学，也是学科学，哲学家、科学家对每一件事都问："为什么?"那《易经》的卦为什么要这样画？第一个道理，天下的事情发生变动，都是从下面开始变，换言之是从基层变起；第二个道理，《易经》的卦，原来只是三爻，后来变成六爻，名称上就有了分别：下面三爻的卦为内卦，上面三爻的卦为外卦，内外两卦连起来的。自下面开始画卦，亦说明了宇宙事物的变，是内在开始变，如人的变，是内在的思想先变，一个公司机构出问题，必然是内部先出了问题，亦是我们中国人说的："物必自腐，然后虫生。"一切东西都是从内变开始，所以画卦是由下往上，由内而外。

这些道理都知道了，再告诉大家默诵这些卦

的方法，这里可以看到一个很有趣的东西来了，这是我吃了许多苦头以后才发现的，现在不要再让大家吃苦头了。如果了解了这个道理，在默诵时，一方面想到这个道理，一方面默诵，就容易了。

现在请看下边这个分宫卦象图。

分宫卦象次序

乾坎艮震为阳四宫，巽离坤兑为阴四宫，每宫阴阳八卦

乾为天	天风姤	天山遁	天地否	风地观	山地剥	火地晋	火天大有
坎为水	水泽节	水雷屯	水火既济	泽火革	雷火丰	地火明夷	地水师
艮为山	山火贲	山天大畜	山泽损	火泽睽	天泽履	风泽中孚	风山渐
震为雷	雷地豫	雷水解	雷风恒	地风升	水风井	泽风大过	泽雷随
巽为风	风天小畜	风火家人	风雷益	天雷无妄	火雷噬嗑	山雷颐	山风蛊
离为火	火山旅	火风鼎	火水未济	山水蒙	风水涣	天水讼	天火同人
坤为地	地雷复	地泽临	地天泰	雷天大壮	泽天夬	水天需	水地比
兑为泽	泽水困	泽地萃	泽山咸	水山蹇	地山谦	雷山小过	雷泽归妹

我们先看分宫卦象次序的头八个卦：

乾为天，天风姤，天山遁，天地否，风地观，山地剥，火地晋，火天大有。

䷀先看乾卦。我们说过，《易经》是讲天地间的变道。宇宙间的事物，随时随地，在时、空以内没有不变的。现在，这个乾卦，第一爻开始变了，阳极阴生，一件事物到了极点，就要走下坡路了，所以中国的人生哲学，任何事物都留一点余地，一到了极点就完了。就像袁世凯当年想做皇帝，他的第二个儿子袁克文写诗劝他老子不要这样做，袁世凯看后几乎气死了。其中两句说：“剧怜高处多风雨，莫到琼楼最上层。”到最高层是不可以的，像爬坡一样爬到了山顶，一定下来。这个䷀乾卦是阳极了，第一爻变了，阳极就变阴，是由内开始变，于是外卦还是乾☰，内卦第一爻变作阴，就成为☴巽卦，巽为风，所以成为䷫天风姤。

接着第二爻变了，外卦还是☰乾，内卦第二爻变为☶艮卦，艮代表山，所以成为䷠天山遁。

继续变下去，外卦还是不动，内卦第三爻变为☷坤卦，坤代表地，于是成为䷋天地否。

这样一看便次序井然，懂了这个道理，就易默诵了。

也许还有人记不清楚，或者不满足，希望不要继续讲下去，先把姤卦、遁卦的道理说清楚：

䷫天风姤，外卦乾就是代表太空，内卦巽代表风——气流。如果学过地质学，学过地球物理学，就会越来越发现我们祖先的伟大。原来太空是无比的大，太空在数字上就是一个“0”。《易经》的数字和外国的数理学在最高处相同而且比外国好；只是在应用数学上，现代分析下来，谁好谁坏那是另一问题了。《易经》早就指出，宇宙间只有一个数——一，没有更多的。什么是二？一加一等于二，再加一为三，再加一为四，都是用一加出来的，一才有象，一从哪里来的？从“0”来的，“0”就代表没有，代表本体，代表没有数亦代表无穷数，包括了很多很多。等于一个房间，里面一样东西亦没有，一个空房间，说没有用也就一点用都没有，可是它的价值无比，因它可以做电影院，可以做舞厅，可以做课堂，所以“0”代表没有、代表无穷，亦代表天体——太空。太空在没有构成宇宙以前的第一个动能，以现代名词而言，是气体在流动，由气流的摩荡，慢慢凝结，因为气流的震荡，便发生了电力、热力，形成了泥土，高山也起来了，于是由天风姤，然后天山遁，遁就是逃避。意思是物质形成以后，最初的功能慢慢在退位，像一幢房子建筑完成，开幕启用的那一天，也是这幢房子开始衰坏的一天，也就是它开始“遁”的一天。

最妙的是到了第三爻一变，外卦还是乾代表天，内卦完全变成坤卦，坤卦代表地，天地否，就是倒霉了。我们祖先的哲学可真妙啊！天地开辟了多好，西方的宗教认为上帝开辟天地，创造了万物，又照他的样子创造了人，这该多好！可是《易经》说，这要倒霉了，并不美丽，天地否，如果没有宇宙，亦没有人生，大家免得烦恼，都空空洞洞的，蛮好。一有了天地宇宙，便倒霉了。犹如一个穷小子，身上只有一个明天吃的馒头，晚上睡觉一定安逸，假使袋里忽然有了一百万，夜里反而失眠。

内在开始变，变到第三爻，等于我们内在思想中动一个念头，想做一件事，一步步地思想成熟了，可以发展到外面去了，内卦影响到外卦，从内变影响到外变，外面环境亦受到影响了，于是外卦的第一爻亦开始变了，就变成为：

䷓风地观，再第五爻变了，成为：

䷖山地剥，现在外卦只剩下了一点阳，所谓“硕果仅存”，阳能被一点一滴剥削完了，只剩最后一点唯一的生机，所以是剥。试看地球上海洋的面积最大，陆地最少，高山又占了很多面积，剥削了可供人类生存的大地。

从乾卦的本卦开始，到剥卦已经出现了六个卦了，再变下去，则产生第七个卦了，那么这一次变，我们祖先的法则，不能再往上变了，如果再往上变，则很简单，变成䷁坤卦，阳极就是阴，如以《易经》这个道理来看，人生也没有什么，只不过生出来又死掉，两个阶段而已，睡觉、醒来，亦只是两个阶段而已，所以不能再变了。那么这第七变，是另一个变法，变出的第七个卦，名为游魂卦。老一辈年纪大的人，以文字对人家说自己活不长久了，往往用“魂游墟墓之间”来表示，意思是说，人虽活着而灵魂已经进入坟墓中了，游魂就是这个境界。现在说乾卦的变，由一、乾为天，二、天风姤，三、天山遁，四、天地否，五、风地观，六、山地剥，到了第七变不能再往上变了，于是改为外卦的初爻再变，即第七卦：

䷖山地剥的外卦即☶艮卦的初爻，亦即是䷖剥卦的第四爻变，又是阴极阳生，成为：

䷢火地晋，晋就是进步的进。这第七个卦名为游魂之卦，这是表示由内在的思想变成行动，由行动影响到外在的环境，现在又是外在的环境，又压迫自己内在的思想发生了变，游魂就是这样回来的。到了第八变，名归魂卦，意思是回到本位了，内卦变成原位，于是成为：

䷍火天大有。

乾宫的八个卦就这样变的，简单地说，分宫卦象次序的变是这样的：一、本体卦，二、初爻变，三、第二爻变，四、第三爻变，五、第四爻变，六、第五爻变，七、第四爻变回原爻，八、内卦变回本体卦，知道了这个道理，发现原来有如此好的组织，就容易默诵了。

再举䷜坎卦：

䷜坎为水，第一爻开始变，内卦成为☱，兑卦为泽。

䷻水泽节，第二爻再变，阳爻变为阴爻，内卦变成☳震卦，震为雷，于是成为：

䷂水雷屯。照同样法则依次是䷾水火既济，䷰泽火革，䷶雷火丰，䷣地火明夷，䷆地水师。只要知道了这个法则，以下艮、震、巽、离、坤、兑等六个卦都是一样，不必我一一详说，大家都会变，都会默诵了。

错综复杂

其次要了解的，我们常常说某件事错综复杂，这错综复杂的语源，就是本自《易经》，《易经》的范围太广，真可说是“错、综、复、杂”。这四字的意思是指卦变而言，我们常说某人变卦，变卦是卦变的颠倒语。我们中国人说话，常常都是来自《易经》，如说“不三不四”，为什么不说“不五不六”或“不一不二”呢？“不三不四”这句话，又是根据《易经》来的。因为《易经》的道理，卦的第三爻和第四爻最重要，这两爻在卦的正中间，也是中心的位置，如果一个人不成样子，就被形容为“不三不四”。又如“乱七八糟”，即是从游魂卦、归魂卦来的。中国人处处都在引用《易经》的话，只是自己不知道而已。

错卦与综卦　正对与反对

卦的错综复杂是什么意思？现在先说综卦，为了使大家看八卦图案的方便，还是举乾卦为例来说明：

䷀乾卦的第一爻变为䷫姤卦，如果把这个䷫姤卦倒过来看，或者是平放在桌面上，站到对面来看，就成了䷪夬卦，这就是姤卦的综卦。综卦是相对的，全部六十四卦，除了八个卦以外，没有不相对的，这综卦是象，而综卦的理，是告诉我们万事要客观，因为立场不同，观念就完全两样。另外有八个卦是绝对的，无论单方面看或相对地看，都是同一个样子，这八个卦是：䷀乾卦，天，怎样去看都是天；䷁坤卦，地，总归是地，也是绝对的；䷜坎卦是绝对的；䷝离卦也是绝对的；其他䷛大过、䷽小过、䷚颐、䷼中孚也都是绝对的。除此之外，其余五十六卦都是相对的，这表明宇宙间事物都是相对的，这就是综卦的道理。

错卦，是阴阳交错的意思，错卦的理是立场相同，目标一致，可是看问题的角度不同，所见也就不同了。如：

䷫天风姤卦，它的第一爻是阴爻，其余五爻都是阳爻，那么在阴阳交错之后，变成了䷗，这样第一爻是阳爻，其余五爻是阴爻，如上面的这个卦象，它的外卦是坤，坤为地，内卦是震，震为雷，就是地雷复卦，所以天风姤卦的对错卦，就是地雷复卦。六十四卦，每卦都有对错的卦。因此学了《易经》以后，以《易经》的道理去看人生，一举一动，都有相对、正反、交错，有得意就有失意，有人赞成，就有人反对，人事物理都一定是这样的，离不开这个宇宙大原则。

以现在的观念来解说，综卦可以称之为反对的或相对的，错卦可称之为正对的。有人说《易经》动辄有黑格尔的辩证法的思想，他说的正、反、合，就是《易经》的原则，这是乱讲。现在中国人很可怜，讲自己的文化，要和西方的文化比，我们这个和爱因斯坦一样，为什么不说爱因斯坦和我们一样？硬要把祖父拉下来和孙子比，说祖父很像孙子，很可怜，真是岂有此理！为何要如此比呢？他们说黑格尔的正、反、合是三段论法，我告诉他们《易经》是八段论法，比起来黑格尔就显得粗糙得很，又算得了什么！《易经》看东西是八面玲珑的。现在已经看了四面了，仍以䷫天风姤卦来说，综卦是䷪泽天夬，错卦是䷗地雷复，而复卦亦应有它的综卦，就是䷖山地剥，这岂不是看了四面？所以《易经》的头脑，一件事初到手，处理起来，四面都要注意到，不但要注意四面，还要八面玲珑。

复杂的道理

《易经》还有一个道理——复杂，亦即等于交互卦的道理，我们都讲究互助，这个互象就是《易经》的图案，像同样的挂钩交相挂住，就是一个“互”字。什么是“交互”？就是六爻内部的变化，如第二爻上连到第四爻，下面挂到上面去为互，第五爻下连到第三爻，上面交至下面来为交，这是交与互的不同，每卦的纵深内在，发生了交互的变化，又产生了卦。换句话说，这是告诉我们看事情，不要看绝了，不要只看一面，一件事情正面看了，再看反面，反面看了，再把旁边看清楚，同时旁边亦要看反面，这样四面都注意到了，还不算完备，因为内在还有变化，而内在的变化，又生出一个卦了。除了乾、坤两卦外，别的卦把中心拿出来交互，又变了一种现象，这现象的本身，又有综卦，又有错卦，这就是八面看东西，还要加上下一共十面，所以把老祖宗拿来和黑格尔这些人比，简直冤枉得很。

现在我们作一个结论，唐代虞世南为什么说“不学《易》不可为将相”？试想我们懂了这个背诵八卦的方法与错综复杂的道理以后，知道这个图案的组织如此严密，告诉我们，看事情要有那么细密的头脑，要那么冷静客观才能把事情看清楚。明白了这些，虞世南“不学《易》不可为将相”的话，就可以明白了。

交互卦

现在谈交互卦，以䷔火雷噬嗑为例，说明如下：

䷔火雷噬嗑，如以噬嗑卦的第二爻与第三爻、第四爻卦配上去，便成为☶代表山的艮卦，这就是噬嗑卦的互卦。又把噬嗑卦的第三爻，交到第四、第五爻上去，便成为☵代表水的坎卦，这就是噬嗑卦的交卦。再把噬嗑卦的交卦☵和互卦☶重叠起来，便成为䷦水山蹇卦，于是我们知道，噬嗑卦的交互卦就是蹇卦，以图示之于下：

本卦　䷔　火雷噬嗑

交互卦　䷦　水山蹇

至于复杂，复就和综卦一样，是重复的意思，杂是指彼此的相互关系，六十四卦可发展到无数的卦，每一卦牵一发而动全身，都是彼此相互的关系。

再告诉大家一个有趣的事，这六十四卦八宫卦的最后一卦是䷵雷泽归妹，而《周易》卦序的最后一卦是䷿火水未济，这就告诉我们，自宇宙开始，人生最后永远是未济，有始无终，没有结论，所以学了《易经》，没有人能下一个结论的。历史没有结论，人生没有结论，宇宙亦没有结论，把握到了这个哲学，研究《易经》的道理就出来了。

《周易》六十四卦的排列，并不是照八宫卦象的次序，它的排列次序，是周文王研究《易经》所整理出来的一个学术思想系统，后人把它编成了一个韵文的歌，叫作《上下经卦名次序歌》，帮助我们便于记忆。我们要懂《易经》且知道运用，上知天文，下知地理，万事万物都能未卜先知。上面所讲八宫卦的次序要背诵得滚瓜烂熟，很要紧的，因为《易经》的用处都在那里。初学的人背诵这些，自然很吃力，但是要学《易经》没有办法不背诵的。

六十四卦的方圆图

接下来第二个阶段更加吃力，就是六十四卦方圆两图的研究，这是很妙的东西，我们当年学

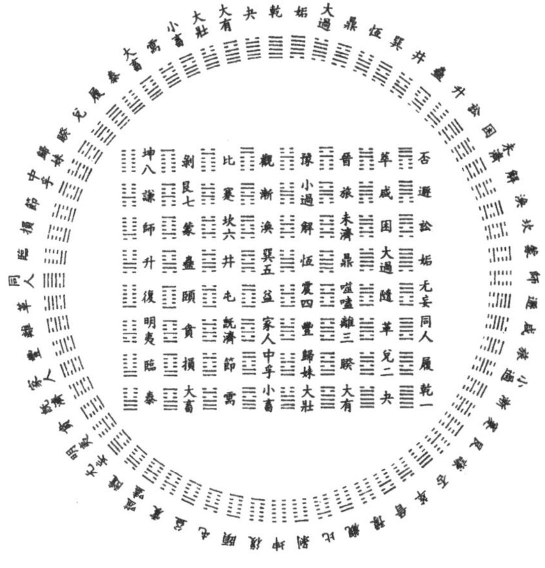

这两个图，没有人告诉我们，辛苦得很可怜，在这里我坦然地告诉大家，就很容易学了，上面这个伏羲先天卦的方圆图，很重要。

上面这个图，圆图是管宇宙的时间，代表宇宙的运行法则，亦可说代表太阳系统时间运行的法则或原理，圆图中的方图管空间，代表方位方向，这就是前人的秘诀了。

方　图

先说方图，右边第一行最下为䷀乾卦，我们由下向上看，为什么先从下看？八卦的卦爻是自下向上画的，所以这方图亦是自下向上看，因此，乾卦上边的第二卦是䷉天泽履，第三卦是䷌天火同人，第四卦是䷘天雷无妄，第五卦是䷫天风姤，第六卦是䷅天水讼，第七卦是䷠天山遁，第八卦是䷋天地否。这是举一个例子，如果不是为省时间，我就一行一行、一卦一卦讲下去了，现在只是告诉大家一个方法。

前面曾经说过先天卦的数字，是乾一、兑二、离三、震四、巽五、坎六、艮七、坤八。那么我们从方图的第一行由下往上看，全部八个卦，每卦的上卦，亦即是外卦，都是天亦即乾卦，而每卦的下卦，亦即是内卦，都是依照先天卦的次序乾、兑、离、震、巽、坎、艮、坤配合的，所以成了乾、履、同人、无妄、姤、讼、遁、否等八个重卦。

我们再从乾卦起，从右向左看横列的卦，重卦的次序是乾、夬、大有、大壮、小畜、需、大畜、泰等八个卦，再仔细分析这八个重卦的内外卦，又可以发现，内卦都是乾卦，而外卦从右到左，则是乾、兑、离、震、巽、坎、艮、坤，又是先天卦的次序。

如果以数字来代表，直行的乾是1 1、履为1 2、同人1 3、无妄1 4、姤1 5、讼1 6、遁1 7、否1 8。横列乾1 1、夬2 1、大有3 1、大壮4 1、小畜5 1、需6 1、大畜7 1、泰8 1。以图示之如下：

六十四卦方图数字图

8 8	7 8	6 8	5 8	4 8	3 8	2 8	1 8
8 7	7 7	6 7	5 7	4 7	3 7	2 7	1 7
8 6	7 6	6 6	5 6	4 6	3 6	2 6	1 6

续表

8 5	7 5	6 5	5 5	4 5	3 5	2 5	1 5
8 4	7 4	6 4	5 4	4 4	3 4	2 4	1 4
8 3	7 3	6 3	5 3	4 3	3 3	2 3	1 3
8 2	7 2	6 2	5 2	4 2	3 2	2 2	1 2
8 1	7 1	6 1	5 1	4 1	3 1	2 1	1 1
坤 8	艮 7	坎 6	巽 5	震 4	离 3	兑 2	乾 1

这个六十四卦的方图，变化无穷，应了解这个图。以前的读书人学了八卦，就能未卜先知，做事遇到困扰时，如有人被重兵包围了，在没有办法的时候，就用这个方图来算卦，找到最有利的方位，安全地冲出重围。像这一类的故事，历史上很多，只是大家不肯讲出理由在哪里。例如在目前所处的房间内，亦可以划分成六十四卦，而算出在某一时间，自己处在某一方位最有利。每个地方，都有一个太极，乃至一个录音机、一本书，都有一个太极。如这本书，从什么时候、

什么部位坏起，都可以知道。这只是依据一个数字、一种现象的道理，加上时间与空间的因素，就可求出答案来。因此中国古代文化的未卜先知，能知道未来的事情，只是一种非常精密的计算方法，但是如要算得正确，还是要靠人的。

这个方图的数字，则是这样一纵一横，慢慢向上走的，构成了如此错综复杂的关系。可是亦同时告诉我们，宇宙间的万事万物，看来是非常复杂，但懂了《易经》以后，从《易经》的观点，任何乱七八糟的事物，都有它的法则。换句话说，懂了《易经》原理以后，去待人，去做事，遇到最复杂的问题，也不会看成复杂了，而是能找得到它的关键，在关键上轻轻一点，问题就解决了。不懂这个原理，越做就越糊涂，就像这方圆图一样，觉得很乱。

圆　图

围绕在这个方图外的圆图，也是六十四卦，要从哪里开始看起？这更麻烦了，等于我们的罗盘，到处都是八卦，不知道上面有些什么名堂。其实这也是一个法则问题，圆图是代表时间，和代表空间的方图配起来，某一空间在某一时间会起作用。譬如一家工厂，一天出品一万个杯子，其中的某一个刚刚卖到某一地方，在某一天刚好斟茶给某一来访的元首喝，那么这只杯子很神气；而另外的杯子，卖到另外的地方，也许用来放脏的东西了。这个“说不定”的当中，实际有固定的法则，就在这方圆图中转。

那么这个圆图的六十四卦，是用什么方法排列起来的呢？我们看圆图上面顶端左边的第一个卦是☰乾卦，再看最下面右边第一个卦是☷坤卦，在这乾、坤之间有一条线，代表夜间天空中的银河，亦代表地球南极、北极的磁场，然后再来排列圆图。首先用方图最下面的第一横列的乾、夬、大有、大壮、小畜、需、大畜、泰等八个卦，依次序放到圆圈的顶端，左边开始，顺原次序向左排列。第二步，又将第二横列的履、兑、睽、归妹、中孚、节、损、临等八个卦的履卦紧接在泰卦之后，依原次序排列下去，然后将第三、第四横列的每个卦，都照这个方法向左排列，最后复卦紧靠在中线下端的左边，排列成了左边的半个圆圈，这是第一步骤。

然后第二个步骤，排列右边半个圆圈，排列的次序又不同了，是怎样地排列呢？现在不是从第五横列开始，而从第八横列排起，将否、萃、晋、豫、观、比、剥、坤等八个卦，以逆次序接在复卦的后面，也就是仍以反时钟的方向，排成复、坤、剥、比、观、豫、晋、萃、否的次序。但要特别注意的，如果是画卦，还是要内卦画在内圈，外卦画在外圈，切不可错。第八横列排好以后，再用第七横列，照第八横列的排法排下去，以谦卦接在否卦的后面，成否、谦、艮、蹇、渐、小过、旅、咸、遁的反时钟面次序，第六横列、第五横列，都是这样，最后第五横列的姤卦，刚刚又接到了最初始的乾卦，就完成了这个圆图的排列。以前的老师，都不肯把这方法说出来，或者他们自己也不知道，可是学的人，苦头却吃大了。现在告诉大家，就一目了然，懂了这个法则，将来除了用电视或电脑以外，对于宇宙万象，都可运用这种《易经》的法则，而过去教《易经》的那种教法，会使人困在里面一生亦出不来，有的人学《易经》学得真好，可是不知道运用。

我们在学《易经》以前，先要把这几个东西弄好，然后再开始讲理论方面的，现在我们暂不研究这些道理。

京房十六卦变

现在讲卦的变化方法，这方法用之于卜卦，人事的预知，最早是在汉朝的京焦易，由焦赣传给京房这一系统，后来演变成各家的卜法，而京焦易这一系统，也是来自孔子。孔子著作《周易》的《系传》等十翼以外，又传《易经》于商瞿，《史记》载商瞿为鲁人，但四川人说他是川人，所以四川人有“易学在川”的口号。孔子死后，子夏讲学河西，亦讲《易经》，当时一般同学们认为他没有得夫子之道，所谓易理还可以，用的方面则不知道，所以不赞同他讲，而子夏还是照讲不误。就有同学问他明天的晴雨，子夏说晴，而结果和现代的气象台一样，偏偏下雨，所以《易》的传人还是商瞿。历史上记载，他四十岁还没有儿子，商瞿母亲很难过，就去问孔子，孔子叫她不要难过，告诉她商瞿在四十岁以后会有三个好儿子，结果一切都如孔子所说，所以孔子所传《易经》的用，自商瞿这个系统一直下来，到了汉朝，就演变成京房的系统。不过京房还不如孔子那么高明。现在介绍京房的易变之例，京房的易变名十六卦变，后人把它归纳起来成为四句话：“自初至五不动复，下飞四往伏用飞，上飞下飞复本体，便是十六卦变例。”现在以乾卦为例说明：

乾卦，第一爻变为天风姤䷫，第二爻再变为天山遁䷠，第三爻再变为天地否䷋，第四爻再变为风地观䷓，第五爻再变为山地剥䷖，第六爻不能变了，如再变成为坤卦就变完了，所以第六爻不变，因之第六爻在用的方面是不动的，这不动的第六爻，便成为宗庙。在京房易的法则之下，第六爻为宗庙，这是比拟为古代宗法社会的祖宗的宗庙，是最高的来源，不能动的。假使用之于堪舆看风水，这就难了，一般都知道，左青龙，右白虎，前朱雀，后玄武，一定很容易，但事实并不那么简单，要看风水的原始祖宗在哪里，就是把风水看成一条龙，要看山势地势的来源，有所谓始祖、高祖、曾祖，然后才成为这一个地方。而卦变中宗庙的道理也是如此，所以变到五爻，第六爻不变。在《周易》八宫卦里，山地剥之后为火地晋䷢，这个火地晋，就是第四爻，亦即外卦的第一爻又变了，这种变卦的现象，我们也曾经说过，一般人称为游魂卦，而在京房易中，这一爻的动，叫作“下飞”，这样一介绍大家就清楚了。如果不加说明，从书上看，这个“下飞”问题就搞不通，什么上飞下飞的，从哪里飞往哪里，无法懂得。所谓下飞，实际上是上飞，从下往上飞，上飞是从上往下飞。看《易经》方面的古书，各家有各家的术语，读起来就往往被这些术语挡住了，通不过去。如下飞，在想象中一定是飞初爻，怎么跑到四爻上来了？“下飞四往”第四爻动，就变成火地晋。在这种地方就要看孔子的易理，像《系传》上孔子所说的：“易之为书也不可远，为道也屡迁，变动不居，周流六虚，上下无常，刚柔相易，不可为典要，唯变所适。”（《易·系传》下第八章）

《易经》这本书是我们人生中随时随地用得

到，不可以远离的书，但是这个法则变动得很大，如以呆板的头脑认定一个固定的法则去学，那就不易懂了。易是活的，尽管懂了它的这些法则，可不要被这些法则拘束住。今日学了京房易，也不一定非学京房易的办法不可，他京房可以创造，同样自己也可以创造，卜卦如此，即领导方面，做人方面，等等，也是如此。“为道也屡迁”，要晓得变，不会变没有用，智慧是非常灵活的，《易经》的法则在应用上是“变动不居”的，没有呆板地停留在某处，如卜卦有一动，这个动态如何变化，需要研判，需要了解，做人做事，一开头知道了前因，也就知道了后果，人事社会的法则亦永远不会停留的。“周流六虚”，六虚就是六爻，就是六位，东、南、西、北、上、下。人事一切变动，与时间、空间都有关系的，所以“上下无常”没有固定的，刚柔亦是互相变易的，不可看作是固定非如此不可，唯有知道怎样变，才算是知道了《易经》，也才会用《易经》。

从《系传》看京氏十六卦变

京房的卦变，我们也可以从《系传》中看出一些端倪，现在我们摘要说明如下：“其出入以度，外内使知惧，又明于忧患与故，无有师保，如临父母，初率其辞而揆其方，既有典常，苟非其人，道不虚行。”（《易·系传》下第八章）这和京房易的变卦有非常重要的关系，一出一入，有非常固定的法度，虽然在变，可是在变的当中，还有不变的法度。外变、内变，使人知道惧怕，人生都是在小心谨慎中。每种宗教哲学，看人生，看世界，一点一滴都要小心，天天在忧患中，天天在恐惧中，为什么有许多事情，不动则已，一动便会招来痛苦与忧恼？当你懂得了《易经》就可以知道是怎么一回事了，就像一个宗教家那样。“无有师保”，谁也保不了你，“如临父母”，只有自己保佑自己，随时战战兢兢，知道时、空每样都在变，所以一切事随时随地要有宗教家的精神，像在上帝、菩萨面前一样严肃地警惕自己。《易经》的哲学没有迷信，可是有宗教家绝对严肃的精神。如何未卜先知？甚至不需要卜卦，对于前因后果都了然于心呢？“初率其辞而揆其方，既有典常，苟非其人，道不虚行。”我们一开始率尔读这些《易经》上的辞句——由文王、周公、孔子他们研究过的结论，所告诉我们的辞句，先要了解这些辞句的意义，然后再进一步地推理，去明白它的意向与方位、方法，知道一切都是在不断变易之中，而一切的变易，并非乱动乱变，而是循了一种固定的法则而变的。如何去找到这一固定的法则，还是要靠各人自己智慧的成就，成就了这种智慧的人，就可以得到未卜先知的道理，因为道是不虚行的。

说到京房易的变例，我们提出这段《系辞》下传第八章，来说明变例并不是随便任意来变的。

继续讲卦变：下飞四爻，变成火地晋游魂卦

后，跟着八宫卦的变法，下面是最后一变——内卦三爻全部都变，而成为火天大有䷍卦。但京房十六卦变的变法则不相同，是到了游魂卦以后，下飞三爻变，成了火山旅䷷，这名为外在卦，刚才提出孔子在《系传》中所说的“外内使知惧”，就是这个外在。至于外在的道理，如做一事业，随时都在战战兢兢，在成败之间，有时候内部起问题而发生变化，有时是外面起问题而发生变化。下飞第三爻是外在卦，然后再下飞第二爻，成为火风鼎䷱，这个卦为内在卦，下飞初爻再变，亦成了八宫卦变的归魂卦，为火天大有䷍，这是第一次的变，实际上也是第二次变，因为八宫本身有一个变法，那不去管它。现在是八宫卦变到游魂，然后到外在、到内在、到归魂，这是乾卦变到这里为止，以后见到这些卦，就知道是由乾卦来的。在这以后还要变，为什么还要变？因为还没有返本还原，所以还在变，要向回转来的路上走，回转来的变，“不变上飞（第二爻）为绝命”是绝命卦，例如卜到乾卦，刚刚二爻在动和五爻在动，于是乾卦一变变成了离卦，是绝命卦，假使是卜一件事，就很危险了。乾卦本身不错，可是内外要大变动，这个变动可使失败到底，如果说卦上说了要失败到底，就此听任不管了，这就不是学《易经》的人。前面引叙《系辞》下传第八章，孔子说了“道不虚行”，还是要靠人，所以不要走上迷信的路。《易经》告诉我们，得意到极点，失败到极点，并不是绝对没有路，看自己的智慧如何走，绝命卦只是一个警戒性。我们再回转来看乾卦的二爻和五爻是好的，并没有错，还有救，再上去第三爻变为火雷噬嗑卦䷔，名为血脉卦，亦等于后世卜卦人所说的，“后代子孙血脉留传，衍变绵续”，以京房易的卦变例子来说，这是乾卦的血脉流传；再上去第四爻变，为山雷颐卦䷚，名为肌肉卦；再上去第五爻变，为风雷益卦䷩，名为骸骨卦；再下飞又是第四爻开始变，为天雷无妄䷘，名为棺椁卦；再下飞第三爻变，为天火同人䷌，名为墓库卦，后世算命的所谓“墓库运”等名词，都是由这里来的。再下飞第二爻变，为乾卦，还原，一共有十六变，叫作飞复。一飞一复，所谓飞，就如拨电话一样跳了，就是说人事有突变的现象。

现在把乾卦十六变的卦名依次记在这里：

乾、姤、遁、否、观、剥、晋（游魂）、旅（外卦）、鼎（内卦）、大有（归魂）、离（绝命）、噬嗑（血脉）、颐（肌肉）、益（骸骨）、无妄（棺椁）、同人（墓库）、乾（还原）。

其他坎、艮、震、巽、离、坤、兑等十六卦变，也都同乾卦一样。

京房十六卦变表

䷀乾	
䷫姤	第一爻变天风姤。
䷠遁	第二爻变天山遁。
䷋否	第三爻变天地否。
䷓观	第四爻变风地观。
䷖剥	第五爻变山地剥，六爻不变为宗庙。
䷢晋	外卦第一爻又变为火地晋，名游魂卦，京氏叫下飞，就是所谓的“下飞四往”。

续表

䷷旅	下飞第三爻变火山旅，名外在卦（八宫卦至此变火天大有）。
䷱鼎	下飞第二爻变火风鼎，名内在卦。
䷍大有	下飞初爻再变为火天大有，名归魂卦（八宫卦变到此为止），以下的变要向回转来的路上走。
䷝离	不变上飞（二爻变）为离，名绝命卦。
䷔噬嗑	再上三爻再变为火雷噬嗑，名血脉卦，即京氏的血脉流传。
䷚颐	再上四爻再变为山雷颐，名肌肉卦。
䷩益	再上五爻再变为风雷益，名骸骨卦。
䷘无妄	再下飞第四爻变为天雷无妄，名棺椁卦。
䷌同人	再下飞第三爻变为天火同人，名墓库卦。
䷀乾	再下飞第二爻变为乾，还原。

京房卦变与人生

这种十六变卦，又说明了一个道理，由游魂、外在、内在，到归魂告一个阶段，也就说明了人生的程序。如以乾卦比人生，十岁到二十岁为天风姤，很好，二十岁到三十岁为天山遁，事业一帆风顺，年龄步入中年，三十到四十岁为天地否，差不多了，眼睛快老花了，快腰酸背痛了，四十到五十岁更变了，到了六十岁则是山地剥了，六十以后游魂之卦，靠后天打坐、练太极、瑜伽术、吃补药等培养，到底不是本命的力量。游魂卦弄不好，就火天大有，进入归魂，如果搞得好，中间还可以变外卦内卦。所以人生到了这个时候，要晓得外在、内在的因素，如果还不能自知，而认为自己尚在天风姤卦的阶段，还想张扬得意，什么事都干的话，说不定一下子就到墓库去了，最后回到本体，就进入宗庙，到祠堂里放木头牌子（灵位牌）了。或者走得不好，就绝命来了，虽然绝命了，但这里又看到中国的人生哲学，人到绝命完了，但后面的还有流传下去，有血脉、肌肉、骸骨流传下去，最后返本还原。这是非常有趣的，也非常清楚地说明了人生哲学，所以中国文化的人生哲学，对于生死并没有看得很严重。于是中国人产生了老师传徒弟的制度，过去一个老师找到了好徒弟，把所有本领学问都教给徒弟，然后老师自己很高兴，认为这个徒弟就是将来的自己，徒弟的成功，也是自己的成功。西方文化可没有这种精神，这种血脉子孙的观念，就使中国文化的精神长存不死。

京房卦变的用法

以上已介绍了京房的十六卦变，至于如何用呢？其大要是这样的：“占者遇：变入本宫卦者，灾福应十分。外戒卦：吉凶从外来。内戒卦：祸福从内起。骸骨卦：生则羸瘦，死不葬埋。棺椁卦：病必死亡。血脉卦：主血疾漏下。绝命卦：事多反复，为人孤独，不谐于俗。游魂、肌肉卦：精神恍惚，如梦如痴。归魂、冢墓卦：坟墓吉，而无事可成也。”

这是京房易十六变卦的用法。我很诚恳地说，我是不喜欢这一套的，虽然研究，虽然懂，可是一生也不用它。我相信人类智慧的神灵是不靠这些外力的，我反对大家去用，再三再四提醒大家，不要迷信，迷信没有意思。经常有人问起，顺便介绍一下，京房易判断的大原则，不过要用的时候，大家不要这么呆板，譬如第一句话里的“占者”就是指卜卦的人，遇到变卦，卜卦一定有变卦，除非六爻不动，安定的卦用本卦的卦辞来判断。

第一个变卦入本宫的，灾与福应十分，就是十六变卦，最后动爻一变还是乾，就进入本宫卦，如果坏是十分的坏，好亦十分好。

外戒卦则不同，要看动爻的关系，吉凶是从外来的，譬如卜问房子，如是外戒卦好，这好是外来的，意想不到的；坏的话，说不定一架飞机掉下来，把整个房子压垮，不是本身的问题。

内戒卦碰到祸福从内起，从本身起来的，或自己家里，或公司内部发生问题。

骸骨卦是对人的看法，生来瘦，瘦得过分，有病的瘦，叫作羸瘦。死不葬埋，死了连一块地都占不到，死无葬身之地。

卜到棺椁卦，如果是生病问卦，得到这个卦，就不要考虑痊愈的问题了。

血脉卦，若生病就要开刀，或者外伤，或者要见血等。

绝命卦，做事情反反复复，很难满意，如果

看人的命运，一生都是孤独的，而与别人合不来。

如果是游魂卦或者肌肉卦，对于人而言，一辈子头脑昏聩，精神恍惚，如梦如痴。

假使卜到归魂卦或冢墓卦，除了安葬是好以外，其他免谈，都是不好的，人算命如走到墓库运了，还有什么好说的。

这是京房卜卦的看法，与其他各家不同，凡是从京房演变出来的，我素来都喜欢、都研究，但从来不用它，所谓“善于《易》者不卜”，我虽对于《易》的研究不怎么高深，但是我个人不喜欢依靠这些。

先知——邵康节的毛病

这十六变，先记住，以后看古书，读到这些问题就不会受罪了，现在介绍出来，好像蛮容易的，但自己去摸出来时，很受罪、很讨厌。而且古人研究《易经》有一个毛病，大家都不肯明白说清楚，也许和我们现代的人一样，研究了很久，明白了以后，觉得自己苦了好多年，不愿意让别人一下子就会，把所了解的当成秘诀，不告诉人，每个人留一手，留到后来，就糟了。或者故意新创一个名称，换一个花样，使人不懂，跟着他转，说不定白转多少年下去，也没有结果。就如大家崇敬的邵康节先生，我经常骂他是骗人的。他算历史命运，算得真准，可是怎么样算法？这方法找不到，他把这个钥匙藏起来，不告诉人，如果把这钥匙一开，就没有什么了不起。可是话说回来，他也真值得尊敬，他可以把孔子以后古人们的各种法则融会在一起，构成一套完整的法则，的确是了不起的。可是我常常说我对《易经》仅只玩玩，不愿深入，我怕深入了成为邵康节。他五十九岁就死了，而且一年到头都生病，风一吹就垮，夏天外出，车子外面还要张挂布幔，还要戴帽子，一年四季要天气好才敢出门，因为用脑过度了。历史上他的传记列为高士，皇帝再三请他出来当宰相，他说："何必出来做官，现在天下太平，有好皇帝、好领袖、好宰相，像这样的时代，不需要我出来。"所以我说充其量学到邵康节那样，能未卜先知，又如何呢？所以我不干。

大家要注意，真通《易》的不需要这样干。一般人学佛，学自在，观自在，学道的如庄子说逍遥，既不逍遥又不自在的事，我才不干。人生就是求逍遥自在，身体健康很舒服，活着就痛痛快快、健健康康，要走就干脆，不拖累儿女朋友，也不拖累自己。像邵康节那种生活多苦，传记上看到那么清高，但在我看来他却很苦。在历史上一般懂《易经》的人，能未卜先知的都不健康。《易经》要学通，智慧头脑要爽朗，如不爽朗被困进去，就变成蜗牛了。

五行思想的起源

《易经·系传》中说到“刚柔相推而生变化”，我们先要认识另一个东西，才能对这句话有更深入一层的认识与了解。以《易经》来说，站在中国学术发展史的立场看，五行和《易经》根本没有关系。可是现在要了解《易经》的法则，在占卜方面，则有其密切的关系。占卜等数术方面的体系，就是用八卦、五行、干支配合起来，去作推算。我们手上的《易经》，在所谓秦始皇烧书的时候，和医药方面的书没有被烧掉。根据历史上的记载，《易经》被认为是卜卦的书，和庙里求签的签诗一样，无关宏旨，所以没有被烧，因此五经的流传，古本面貌保留的最多，也以《易经》最为可靠。但在这一本书里面，并没有提到五行，只有在《尚书》——《书经》的《洪范篇》中，稍稍提到一下，但亦并不一定如后世那样说法，这始终是一个大问题。

近代以来，一般怀疑中国文化的学者，认为五行是汉朝、至少是秦汉以后人所假托，这是研究中国文化发展史的立场的一种看法。其实提到五行和阴阳的关系，我们先要知道战国时代一位历史上有名的学者阴阳家邹衍，这个人学问非常好，在当时他比孟子以及诸子百家的威风都大得多。试看孟子到魏国去见梁惠王的情形，真是可怜得很。“王曰：叟，不远千里而来，亦将有以利吾国乎?”梁惠王对孟子那股神气，一点也看不起孟子，开口就说：“老头！你来找我干嘛?”就是这个味道。可是邹衍一到齐国或其他国家，场面便大不相同了，国家的大员，乃至国君，无不亲自招待，等于现在国际知名的大科学家，到了任何一个国家，都受到盛大的欢迎一样。我们读《史记》，读到这些地方，要特别注意，不要被骗了，后人写历史，往往没有把这些重点强调出来，只照写史人的看法，这就使后人对当时的历史，产生错觉。就像邹衍一样，邹衍每到一个国家，都大受欢迎，而且带了一大群人。孔子周游列国，也带了一大群学生，可是有时连便当都弄不到吃，而邹衍每到一个国家则是吃不完的宴会，可见他在当时的影响有多大。邹衍是道家、阴阳家，他到底在各国讲了些什么？我们不知道，因为历史上找不出证据。但是他留下了一点东西，他当时就说天下有九洲，中国是九洲的一洲，为神洲。他这个说法是怎么来的？决不可能坐了飞机环绕地球一周看见的。现在我们才知道地球有八大洲，而他当时就知道了，所以他的思想学说，当时震动了各国，以科学的理论指导了政治的原则。我们假使看思想史的发展，这些地方不要忽略了。但是在当时历史上，也找不出讲五行的资料。再退回来看，近年发现的甲骨文上，亦没有五行的名词。

在我个人的看法，《易经》的文化，是由中国上古时代的中原文化发展，是山西、河南这一带的文化。在上古时代，文字、言语还没有统一，不像秦汉以后的国家，当时每一地区、每一民族，有它自己的文化。如华中、华南，楚国有楚国的文化；孔子的文化，继承了鲁国文化的系统；道家文化是继承了齐国文化的系统。那么阴阳五行的文化，可以说比《易经》的文化，亦即中原文化还要更古老一点，可能是黄河下游，北京、河北这一带的文化，如黄帝、伏羲这一时代的文化一样。所以研究上古的文化思想史，是一个很大很艰难的工作。几千年来，历代学者做了那么多分类的努力，乃至现代也有人研究了半辈子，还是搞不清楚。这是我个人的看法，这看法也不一定对，仅供作参考而已。假使没有弄清楚这个观念，而把中国上古传统文化乱扯一阵，那就牵涉太大了。

什么是五行

五行的文化，所谓五行，就是金、木、水、火、土。现在研究它第一个要注意的，假使算命先生算命，把行认为是走路，那就绝对错了。我们看《象辞》乾卦的“天行健”这句话，这个“行”是代表运动的意思，就是“动能”，宇宙间物质最大的互相关系，就在这个动能。这个“动能”有五种，以金、木、水、火、土作代表。亦和卦一样，是一种符号，不要看得太严重了。所谓“金”并不是黄金，“水”亦并不是和杯中喝的水一样，千万不要看成了五行就是五种物质。上古文化的五行：金、木、水、火、土，就是现代的地球文化，地球外面的五星，对我们的关系很大，现在先解释这五个字。

金，凡是坚固、凝固的都是金。上古时不像现代的科学分类，当时对于物质世界中有坚固性能的，以金字作代表。

木，代表了树木，代表了草，代表了生命中生的功能和根源。草木被砍掉以后，只要留根，第二年又生长起来。白居易的诗："离离原上草，一岁一枯荣。野火烧不尽，春风吹又生。"这就是木的功能，生长力特别大亦特别快，木就代表了生发的生命功能。

水，代表了流动性，周流不息的作用。

火，代表了热能。

土，代表了地球的本身。

所以称它们为五行，是因为这五种东西互相在变化，这个物质世界的这五种物理，互相在影响，变化得很厉害，这种变化，名叫生、克。

五行的生克

说到生、克，我们研究《易经》，都知道综卦。综卦就是告诉我们世界上的事物，都有正反两个力量：有生，有克。生克是阴阳方面的说法，在学术思想上，则为祸福相倚，正与反，是与非，成与败，利与害，善与恶，一切都是相对的，互相生克。如姜太公流传下来的道家经典《阴符经》里面说“恩生于害”这句话，举例来说，像父亲打儿子，儿子挨打很痛，这是“害”，但目的在把孩子教育成人，这就是“恩生于害”，领导人对部下也是如此，这句话的意义很深。中国乡下人有句老话，送人一斗米是恩人，送人一担米是仇人。帮朋友的忙，正在他困难中救济一下，他永远感激，但帮助太多了，他永不满足。往往对好朋友，自己付出了很大的恩惠，而结果反对自己的，正是那些得过你恩惠的人，所以做领导的人，对这点特别要注意。一个人的失败，往往失败在最信任、最亲近的人身上。历史上这种例子很多，这种人并不一定要存心害对他有恩的人，像拿破仑在两个人的心目中，被认为他不配当英雄，一个是他自己的太太，一个是他的一个老朋友，因为太亲近，相处太久了，就有不同的观念，在不知不觉中会做出一些有害的事来，这都是恩与害往往互为因果的关系，所以"恩生于害"这句话很重要。而它的原理，亦即来自生克的法则，生人者也克人，恩与害，两个对立相存，没有绝对的一方。现在青年人谈恋爱亦知道，爱得愈深，恨得也愈深，这也就是"恩生于害"的原理，也是生克的法则。关于五行的生克道理，可以用下面这两个图案来表现：

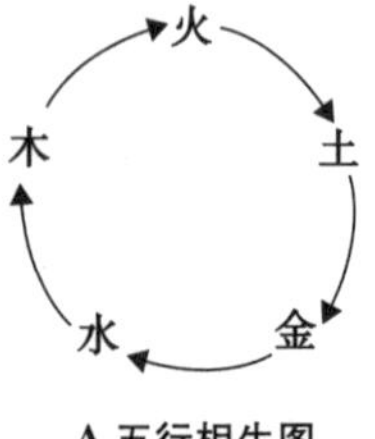

A 五行相生图

B 五行相克图

A 图的箭头是表示相生的，就是依时钟的方向顺序，依次而生，成为木生火，火生土，土生金，金生水，水生木。

B 图上的箭头是表示相克的，五行的位置，和第一图相同，箭头所指的方向，也是顺时钟方向，所不同的，相生图的箭头，是指向紧靠自己的邻居，而相克图的箭头，是跳了一个位置，指向隔邻的位置上，于是成了木克土，土克水，水克火，火克金，金克木。

五行的方位

上面的两个图，只是便于说明五行相互生克的关系，而五行所处的方位，并不如上图，而是像下面的这个图：

火

木　　土　　金

水

五行方位图

上面这个五行方位图（必须要记住的），为东方木（请特别注意，图中的方位，是以《易经》的方位为准，不是现代画地图的方位），西方金，北方水，南方火，中央土，这个方位非常有道理。我们在明朝时亦开矿，当时并没有地质学，怎么知道何处有矿，固然有的是当地的居民发现的，但大多数是靠八卦五行的道理，来判断五行的中心。西方金，在西藏，越到西方，藏金越多。东方木，植物易生发，早受阳光热能。南方火，气候炎热。北方水，冰雪最多。初看好像五行方位很乱，再作仔细观察，不能说它没有理由，古人是怎样发现这个法则的呢？以金为例：

金生水，《千字文》——这篇文字很妙，以一千个不同的字，写成了这篇文章，把天文、地理、物理、政治等等，都容进去了。幼年读来好像无所谓，实在是一篇很伟大的著作——其中有一句“金生丽水”，这个丽水不是浙江的丽水县，丽水是形容水多，凡是藏金的地方，一定是雨带地区。我初到台湾时，看见有金铜矿务局，问起产金的地方在金山、瑞芳一带，我说那里的雨量一定很多，果然基隆、金山、瑞芳一带常下雨，这就是“金生丽水”，藏金的地方雨水多。

金克木，当然砍木头要用铁器，或用锯子去锯，这还不足为奇。在古代，假如门口有一棵大树，认为风水不好，而又觉得砍伐麻烦，不如让它自己枯死，就用一枚大铁钉打到树的中心，这棵树很快就枯萎了，这就是金克木的现象。

另外一个哲学的道理，例如金生水，在古代就说："水者金之子。"水是金的儿子，于是水生木，木是水的儿子；木生火，火是木之子；火生土，土是火之子；土生金，金又是土之子。

克则是隔代相克。从前有一个笑话，一个祖父打孙子，可是他的儿子看到了，便打自己耳光，这位打孙子的祖父问儿子为啥自打耳光，他儿子说："你可以打我的儿子，我怎么不可以打你的儿子?"这也近于五行相克，事实也是如此。所谓隔代相克，逢三必变，这是一个法则。在生克之中，恩生于害，害又生恩。以军事哲学来说，一次大战之后，可以促进人类文明的进步，所以有时觉得战争并没有什么可怕，等于理发，头发长了，剃剃就漂亮。有许多讲军事哲学的朋友，就以这种五行生克的法则来讲，亦言之成理。物理的法则亦然，须到了一个时候，必要清理一下，才能创造出更新的事物，这是宇宙的法则。五行的方位，对我们研究物理关系很大，大家一定要记住。

天干与五行

五行之外，还要加上干支，要学《易经》的卜筮，没有什么秘诀，不外是五行卜筮，重点在五行，不是在八卦。真用卦来断事情，又是另外一个体系，所以严格说来，五行和八卦两种体系是分开的。但几千年来，大家都把它混合在一起。

现在介绍的是天干文化，天干文化也很古老。我们研究《易经》发展史、中国文化发展史，知道天干文化也比《周易》古老得多。天干地支，我们现在可以从甲骨文里找出来，可见这个文化的来源很早。中国人发展最早的是天文，发展到最高级的时候，就归纳起来，用十个符号作代表，这十个符号就名天干，亦作“天幹”，不过“天幹”是汉以后用的名词，其实应该用“天干”才对，不必用“天幹”这个词。

天干就是五行的法则，意思是说：在这个太阳系中，地球和外面的星球，彼此干扰的作用。以现在的地球物理学来说，就是地球和各个星球的放射功能，彼此吸收互相发生作用。例如太阳能的放射，对我们地球人类的干扰很大，尤其学通信、电子、太空学术方面的人都很清楚，而我们中国老早就了解，对于这种天体的运动、物理世界的运动，用木、火、土、金、水来代表，就说明了相生相克的道理。但人类文化进步了，这个五行的生克法则不够用，因此我们的祖先，发现了五行的双重作用，天体在物理世界中，又用了十个字的符号，为甲、乙、丙、丁、戊、己、庚、辛、壬、癸，并编定图案如下：

	丙丁	
甲	戊	庚
乙	己	辛
	壬癸	

天干五行配

看到上面的图案，和前面五行的方位图案配合起来，就可以知道，东方甲乙木，南方丙丁火，西方庚辛金，北方壬癸水，中央戊己土。

这里要问，东方或木，都是一个方位或一个动能，为什么要用甲和乙两个符号来代表？这中间又有另一个法则，这套法则在中国的算命卜卦上很用得到。假使为了算命而学算命，我不赞成，但我发现，中国算命卜卦的这套法则，里面包含了很大的科学和哲学的道理，可惜因为我们古代的政治思想，不愿意发展科学，所以这一套很好的法则，只好向算命卜卦这一方面发展。不过好在有江湖算命卜卦的人，能够把这一套法则保留下来，从另一角度看，他们亦的确很伟大。所以有人说到算命卜卦是迷信，我就问他们懂不懂，而他们却不懂，对于自己所不懂的东西，随便加一个罪名，指其为“迷信”、为“骗人的”，这是多可怕的武断。这一套法则流传了几千年，而真正研究它的，都是第一流聪明人，试想想四千年来第一流聪明的人，都在研究它，即算它能骗得了人，也有它骗人的道理。我们要批评它，不妨先研究它骗的方法，等研究过了，再说它是迷信，这时才可以作结论。自己并没有研究过，还不懂它，就说它是骗人的迷信，这才是真正的迷信——迷信自己的狂妄。可惜现在没有人重视它，没有大量的投资，没有充分的实验设备和场所。否则的话，如果加以实验，可以发现这项法则会有很多科学的道理。譬如说飞机，在我们战国时候就有飞机，不过是不坐人的无人飞机，用木料制造。晋朝时候亦有人制造成一个鸟，放出去以后，不需人控制，会在空中飞翔，到一定的时间，又会在原地降落，这在历史上都有证据的。就是现在还保存的中国乐器和一些器皿，如铜壶滴漏等，都是依据这套法则发明制造的，而当时并没有现代的科学公式，只是当时没有用这套法则向科学这方面发展。为什么中国古代没有用这套法则作科学的发展？这也有它的道理，因为物质文明愈发达，人的欲望就愈高，人的欲望愈高，社会就愈乱。这是中国的人文思想。

天干的阴阳

但是这一套法则，是来自科学的，如东方木，又为什么用甲、乙两个字来代表，而成为甲木和乙木呢？甲木是代表生长的原素，乙木是成形了的代表，换言之甲木是代表生发的物理，乙木是代表成形的物质。丙与丁亦是如此，丙是代表火的原素，丁是代表成形的火。戊己、庚辛、壬癸都是如此。而这中间又分阴阳，如甲木为阳木，乙木为阴木，丙为阳火，丁为阴火，庚为阳金，辛为阴金，壬为阳水，癸为阴水，戊为阳土，己为阴土。如中国医学，在《内经》上女人的第一次月经来，我国古代认为直接说出女人的隐秘很不礼貌，所以说“女子十四而天癸至”。为什么不说“天壬”至？因为月经是成形了的水，同时女子属阴，所以称为“天癸”。如果把这套东西融会贯通起来，就可以发现它并不是迷信，而是科学，至少是古代的中国科学，而且这种科学在人类的文化中，还维持了这许多年。

说到天癸，便涉及中医了。对于人的身体而言，现在最流行的针灸，有一本书名《甲乙经》，许多人也没有弄清楚，中医对于人身各部位的代表为木属肝，火属心，金属肺，水属肾，土属脾。这个五行和内脏的关系现在懂了，那么金生水，肺出了问题的时候，肾一定亏，所以生肺病的人，脸红红的，是肾水不足，火气上升。肺病到了相当严重，肾盂就特别扩大，就是肾亏，所以中医之难学是除了讲究内脏的个别功能以外，还讲究互相影响的生理功能和病理因素，也就是生克的道理。而西医则是头痛医头，脚痛医脚。头痛只是病的现象，不是病的根源。因为生克的关系，任何一个内脏，都可以产生头痛的病象，所以高明的中医讲究气化，如患糖尿病的人，是属肾水的病，但一定与心火有关系，心脏也会受影响，发生问题，这就是五行生克的道理。这里特别要补充一点，五行的生克，每一

“行”都与其他四“行”有关，如土是生金的，克水的，但亦被火生，被木克。所以中医能站得住，针灸也是一样，中医的医理，病在上者其治在下，病在下者其治在上，病在左者其治在右，病在右者其治在左，病在内者其治在外，病在外者其治在内。譬如中医说肝生于左，而西医指责错了，其实中医一点没有错，因为中医不是讲物质形态，而是讲气化，中医说肝生于左，是肝属木，木在东方，东方在左，这是五行生克的气化，所以肝生于左是对的。由此可知人必须读《黄帝内经》，懂了《黄帝内经》就懂得养生之道，亦懂得如何修道了。

地　支

五行和天干配合，包含了这许多，再下来配合地支，便又不同了。地支有十二个：子、丑、寅、卯、辰、巳、午、未、申、酉、戌、亥。地支有人写作“地枝”，表示干的分叉，其实就是“支”，支持的支。地球本身的作用，也就是太阳系中月亮和地球发生的作用，节气的关系作用，后面再详述。

先在这里介绍，中国古代的医学有两大派，在养生之道上，一派注重肠胃，一派注重肾。所有的病，大部分从肠胃来，不过我的经验，南方的医师注重肾，北方的医师注重肠胃。年纪大的人尤其要注重肠胃，年轻人亦要注重肾的保养，青年肾虚，到中年以后，一切病象都来了。性知识教育愈开放，青年人的病害愈多，原因是肾亏，必须要保重。

关于地支这一套东西，如果只研究《周易》的学术思想和大的原理原则，则不必要研究五行和干支。如果要了解我们中国几千年来《易经》八卦用之于天文、地理等方面的关系，就必须先了解五行干支了。有一位学科学的教授，从国外写信来问一些问题，因为国外最近出了一本书，认为地球南北极有一个洞，洞中有另外一个世界，并且有人类，飞碟亦是从地球中心出来的，等等。这都是和《易经》有关的问题。我回信告诉他，这并不稀奇，中国人早说过地球是活动的，至于地球中心有没有人类，又是另外一个说法。关于地球的中间南北极是相通的问题，道家在几千年前就这样说了，而且还说地球里各地都是相通的，这些话都有书为证，不过我们大家没有去注意它罢了。也有一说黄帝的陵墓后面有一个洞，可以通到南京。可是在西方另有一派，说人类都是从外太空来的，佛家也是这样说，中国古代亦有这一说法，也是道家说的，据说盘古老王也是天上降下来的，这些道家的学说，都可在《道藏》中找到。

上面这个故事，是要说明五行干支的思想，和原始的天文、地球物理有绝对的关系，只可惜后来仅用在卜卦算命上面，这只怪我们过去的文化不向科学方面发展的原故。

前面已经介绍了天干，如今再介绍地支。上面说过地支是子、丑、寅、卯、辰、巳、午、未、申、酉、戌、亥，十二个地支。何谓地支？我们以现代的观念来说，是地球本身在太阳系统运行，与各个星球之间互相产生干扰的关系，无形中有一个力量在支持着，这就是地支。

我们知道天干有十个，就是五行的两极之道，亦即是五行的阴阳变化。而地支是六位数，是阴阳之道产生变化而成十二位。至于这些名称的由来，与《周易》没有多大关系，是中国传统文化中另外一种学说的系统，这在前面亦曾经提到过。至于天干地支每一个字的定义，有很多种解释，究竟哪一种解释完全正确，很难下个定论，如子是万物发生的现象、丑是枢纽的意思，等等，各有各的解释，暂时不去讨论它。另外以中国文化发展史，站在军事哲学的观点看甲、乙、丙、丁、戊、己、庚、辛、壬、癸等十天干，也有些人解释为古代十种武器的代表，如“甲”是一根木杆上装一种利器、“乙”是一把刀……莫衷一是，究竟哪一种说法对，没有定论。

地支与黄道十二宫

地支有十二位，代表十二个月。实际上地支是什么呢？是天文上黄道十二宫的代名。所谓“宫”，就是部位；所谓“黄道”，就是太阳从东边起来，向西方落下，所绕的一圈，名为黄道面。这种黄道面，每一个月都不同。如我们晚上看天象，每一个星座从东方出来，共有二十八星宿（天文的知识，在上古时我们中国最发达），而这二十八宿，在黄道面上，每个月的部位也都不同；于是依据这个现象，抽象地归纳为十二个部位，用十二个字来表示。实际上这是天文的现象，变成为抽象的学问，构成了后世算命的位置作用。这一套学问，现在看来好像很简单，但真正用心探究，其中学问甚多，也可见我们上古时老祖宗的文化智慧、科学哲学，都发达到最高最高点；因为科学数字太大，很复杂，普通一般人的智慧，没有如此的天才容纳得下，于是把它简化了，用五行、天干、地支来代表，使人人都能懂，只有文化到了最高处，才能变成最简化。可是它的弊病，是后人只知道用，久之便知其然而不知其所以然了。

这个抽象的名词，里面实际是有东西的，包括的学问很大，可惜我们后世只把它用在看相、算命、卜卦这一方面去了。

六十花甲与历史验证

我们的六十花甲，就是根据干支来的，如甲子、乙丑、丙寅、丁卯……这样天干与地支配起来，便可以代表太阳系统这个天体和地球产生万有的变化，其中以气象的变化是最大的，也最显著，容易见到。万有的变化，各有不同，于是用干支配合，天干的阳配地支的阳，天干的阴配地支的阴，阳配阳，阴配阴，依照次序轮流配合，完全相互配合，刚好满六十个相配，成一周期，又从甲子开始，所以名为六十花甲。

这种六十花甲的配合，现在的人不大用了，但它到底好不好呢？将来可以看到，它好得很。它记天体的运行，六十年一个大转，不管岁差如何（即天文上所谓的躔度，也就是古代说的太阳与地球间一天走一度，走完了三百六十五又四分之一度为一年；以三百六十天为一年，尚有剩余，将其剩余下来的度数，累积变成闰月，这就是阴历的计算。而阳历则是每年有七个月是三十一天，因为方法不同，数字一样），但六十花甲算下来，亿万年的宇宙数字，亦不差分毫，这是一个很伟大的法则。试看中国的历史，每个朝代换了、皇帝换了、年号换了，可是六十花甲的岁次，是固定不变的，必然六十年一转。

如果把这个法则予以扩大，用途就多了。譬如唐尧即位，亦即他当皇帝就职那一天，为甲辰年，后来邵康节的算法以及一般的算法，都以这个干支为标准，这是历史上比较有记载根据的；在尧就位的时候，有五星联珠的现象，就是金、木、火、水、土五星，在天上列成一排，有一定的天象在那时呈现，把这第一个六十年定为上元，名叫上元甲子，第二个六十年为中元甲子，第三个六十年为下元甲子，一共为一百八十年；然后再扩大，第一个一百八十年为上元，第二个一百八十年为中元，第三个一百八十年为下元，像连环套一样，套得整齐严密；再以这种甲子的法则，和《易经》等配合演变，就知道历史、社会、人类的现象，多少年有一个变化，如何变化；再配合中国天文学上，推算到该有什么人物出来，这是我们中国人发现的一个很妙的法则，亦可以说是儒家孔孟思想里所说的“天人合一”。以《易经》道理来看，这就是必变，宇宙间的事情，到了一个时候必然变。至于变成什么现象，懂了这个大法则，再从卦里就知道会变成什么现象。可是知道了的人，大部分都不说出来，因为怕泄露天机。古人说的“察见渊鱼者不祥”，眼睛太厉害了，水里有几条鱼都看得清楚，并不是福，这样的人就算不短命，也会患白内障，因为用眼力过度了。可知聪明滥用的不智，所以万事先知，并不吉利。真的高度修养，万事先知变成无知，有绝顶的智慧而变成糊涂，只有少数几个有修养的人才做得到，一般人则是做不到的。

现在再看地支，把它排成一个圆圈：

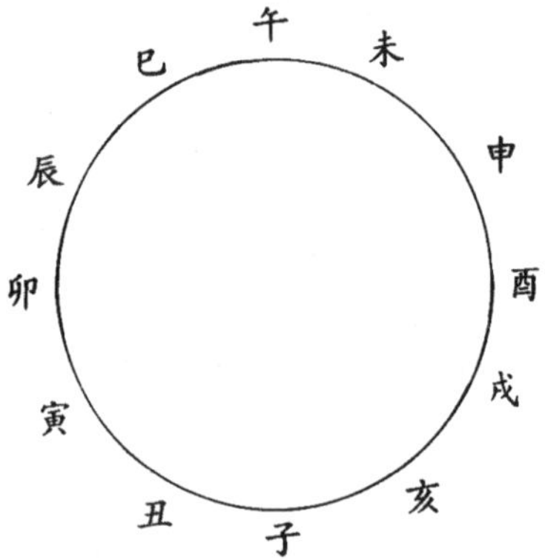

为什么画成圆的？因为地球与天体是圆的。

十二生肖

至于这十二地支的生肖，为子鼠、丑牛、寅虎、卯兔、辰龙、巳蛇、午马、未羊、申猴、酉鸡、戌犬、亥猪。这一套生肖，据我的研究，是汉代的时候自印度传过来的。印度当时的十二地支，并不完全像我们的，而是用文化抽象的符号来代表，用动物来代表，后来变成中国文化的解释。子属老鼠，鼠爪是五个，奇数为阳；丑属牛，因牛蹄两瓣为阴数；寅属虎，亦因虎有五爪；卯属兔是因为兔唇两瓣，等等。据说是如此订的，但“事出有因，查无实据”。另据《古今图书集成·干支部》所讲：“以廿八宿之天禽、地曜，分直于天，以纪十二辰，此十二生肖之所始。”由近年出土的西汉铜器及汉墓星象刻石推论，此说极为可能。

地支与命理

把这套大法则演变成小学问，用在算命、看相、卜卦上，乃至用到侦判命案上，《洗冤录》中就有这方面的学问。地支上有六冲，亦可从前面的圆图中看到，凡是对面位的都是冲，如子与午、丑与未、寅与申、卯与酉、辰与戌、巳与亥都是相冲的。冲不一定不好，有的非冲不可。相对就是冲，这也是《易经》错卦的道理。实际上所谓冲，是二十八宿在黄道面上，走到太阳这个角度来，叫作冲；与太阳的方向相反，这就叫作合，从圆图上看，立场相等就是合（如子与丑合、寅与亥合、卯与戌合、辰与酉合、巳与申合、午为日、未为月之六合，在十二地支中，还有两合、三合，等等）。这里我们还要有一个观念，二十八宿在黄道十二宫的位置上，与太阳的躔度对立就变成冲，冲并不是难听的话，而是表示有阻碍。

再把天干地支配合成一图，亦即所谓的纳甲。

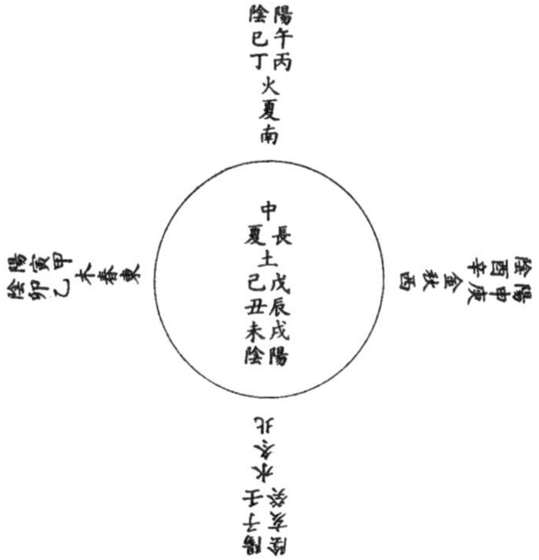

纳甲与易数

像这样相配，地支的辰、戌、丑、未都空出来了。而天干的位置是：东方甲乙木、南方丙丁火、西方庚辛金、北方壬癸水、中央戊己土，和地支相配，名为纳甲。也就是把五行、八卦、天干、地支，归纳到一起。

由前面圆图再配上八卦，用先天伏羲八卦图的位置纳甲，为乾纳甲、坤纳乙、艮纳丙、兑纳丁、戊己在中间，震纳庚、巽纳辛、离纳壬、坎纳癸。

现在再看一年十二个月，六阴六阳的表——即十二辟卦，代表一年气象变化的大作用。把纳甲用到这一面来，又是另一个不同的公式，所以学《易经》的象数要记住好几个不同的公式。在了解这些公式以前，首先要了解数的阴阳。数分为阴数阳数，也是双的意思和单的意思，如奇门遁甲的奇字。凡一、三、五、七、九均为阳数；二、四、六、八、十等双数，为阴数，又名偶数。阳数最高之数为九，我们读文天祥的《正气歌》“嗟予遘阳九”，意思就是到了绝路，运气已经绝了、到顶了，因为九为阳之极，所以阳极是到了绝路。而“十”又到了另外一个元的一了，以《易经》的数理言，永远是一个“一”。一加一所以等于二，单数到了“九”数为极点，所以《易经》中阳爻以九作代表。如乾卦的六爻都是阳爻，于是称作初九、九二、九三、九四、九五、上九等；阴数是倒算过来，为十、八、六、四、二，这表示阴阳是颠倒的。阴数的五个偶数以“六”在中间，阴取其中，因为阴数为偶，是相对的，而其中间的数是重点，所以阴爻以“六”为代表；如坤卦的六爻，称作初六、六二、六三、六四、六五、上六。以前说过，八卦是由下往上画的，假使有人以“六”“九”代表阴阳的方法，随便报出六爻的数，如初九、六二、六三、九四、六五、上九等，我们就可画出䷔这个噬嗑卦来。

从这个道理就看出来了，真懂了《易经》，只要掐指一算就行了。懂了《易经》的数理，学起电脑就更容易，这话是对的，这也证明上古时我们的老祖宗发明的《易经》数理，等于比现在的电脑数理还更高明。宇宙的道理，都是一增一减，非常简单，好像天秤一样，一高一低，这头高了，另一头一定低了。所以只有加减，包括了乘除，也包括了一切数理，这还不算什么，人的智慧发达到最高亦就最简化，只用这十个数字，便把宇宙的法则归纳进去了，只要一加一减就算出来，就了解。所以说《易经》的数理哲学，不是基础，也不是开始，而是最高明地归纳到如此简化的。所以真正懂了《易经》以后，凡是最高深的数理，都会变成简化。我们从数字上看，只有一、二、三、四、五、六、七、八、九、十，加以推测，天地间的事理、物理都把握在手掌中。学了《易经》的人，正如道家所吹的牛："宇宙在手，万化由心。"所以这是我们文化的结晶。

察见渊鱼者不祥

曾经讲的卜卦作用，因为凡是稀奇的事情，我一定去了解，了解完了以后，我素来不玩的。这些东西玩尽管玩，不过要有一个原则，不可迷信，所谓不迷信，是不要把人所有的智慧都寄托在这上面，如果都寄托在上面就不行了，偶然用它来参考参考是不碍事的，但不要影响自己的心理，有时候很灵，宗教的观念也是如此。再其次，要弄清楚的是："善于易者不卜。"一个人真懂得《易经》以后便不算卦了，一件事情一动，就知道它的法则，就没有什么可算的了，得失成败，自己心里就应该有数了。另一观念，即使能够"未卜先知"，也并不好，"察见渊鱼者不祥"，做人的道理也是这样。不要太精明，尤其做一个领导人，有时候对下面一些小事情，要马虎一点，开只眼闭只眼，自己受受气就算了，他骂我一顿就骂我一顿。一定要搞得很清楚，“察见渊鱼者不祥”，连深渊水底的鱼、河里浑水里的鱼有多少条、在怎么动都看得清楚，不要自以为很精明，实际上很不吉利，说不定会早死，因为精神用得过度了。上面这些原则千万要把握住，如此一来人就舒服了。

焦京师徒与郭璞

现在讲到卜卦的方法，在中国的《易经》传统，占卜是它主要的路。《易经》在古代就是为了占卜用的，到孔子以后，才把《易经》用到人文文化方面。《易经》画的八卦，原始当然是为了卜卦用的，为什么人类要卜卦？这不只是中国有占卜，世界各民族都有占卜，当然各民族所用的方法不同，但是都没有我们中国的高明，这中间牵涉到一个哲学的问题，就是人类的智慧。无论过去、现在、未来的人，都有许多无法知道的事情。譬如明天怎样？我明天怎样？这些问题，谁也没有把握作答案，连后一秒钟如何也不可知，而人们却想要知道，于是产生了占卜这些东西。中国有了《易经》的卜卦以后，几千年来产生了好几个派别，这一点我可以提出来告诉大家，古人研究《易经》，多被易学困住了，不知《易》没有一定的法则。有些人懂了《易》后，自己另外又创出法则来，如汉朝有名的京焦易。京焦易是两个人的名字，京是指京房，焦是指焦延寿，即焦赣，京房是他的学生。焦赣著《易林》，又名《焦氏易》，其中把八八六十四卦，演变的卦都解释出来，所用的卦辞，统统不用《周易》，自己另外创造一套，他是把《易经》研究通了，法则通了以后，不一定照原来的东西，等于每个庙的签诗，有关帝签、观音签、济颠和尚签……各有各的签诗，都不相同。所以焦赣的《易》，卜卦的解释方法，和《周易》不一样，可以说是一个革命，因为他懂了，他的智慧够了，所以才能产生出来他的一套卜法。焦赣传易给京房，京房在东汉的时候，言无不中，皇帝有什么事情都去问他，但是焦赣说，京房把我的易学学通了，可是将来亦必死于易学，结果京房果然被杀头而死。

东汉下来，看地理风水，讲所谓堪舆之术的，从晋朝的郭璞开始，他也是通《易经》的，万事前知，等到晋朝大将王敦要造反篡夺皇位时，就怕郭璞不同意，于是就把郭璞找来，予以暗示，郭璞硬是不同意，王敦立即翻了脸，问郭璞既能前知，可知自己的命运？郭璞说我知道今日此时你就要杀我，结果当然如他自己所料的被杀了。他就明知道脱不了这一难，当然他也可以使滑头逃避。这里看到学《易经》的人，知道了凶事就不一定逃避，所谓“数不可逃”。其实数也未尝不可逃，中国读书人养成了一种忠君爱国之心，你做反叛的事，我宁死也不逃。

金钱卦

到了宋朝的邵康节，又根据《易经》另外产生了一套法则，解释又不同。明朝以后的太乙数又不同。一般人讲《易经》的发展史，好像几千年下来没有变，其实变的地方很多。用三个铜钱卜卦的方法，就是从焦京易这个系统下来的，不过方法上历代都有变更和扩充，因为社会演进，人事愈趋复杂，如原用的木、火、土、金、水五行，不够来代表更复杂的人事。例如我手里握了一枚金戒子，用五行可以推算出是金来，如握一只现代的打火机，这可就复杂了，不是单纯的五行可以代表的了。于是就扩充变更，有了干支、五鬼、六亲等等，使卜卦的内容更充实，但在方法上，这却是一代一代传下来简化了的方法。不过现在不容易找到外圆内方的铜钱，借用现代的硬币也可以，横竖都是一正一反两面，任意将一面作为阳面，一面作为阴面，将三个钱乱摇一阵后丢下来，如果说其中两个钱是阴面，一个钱是阳面，便以阳面为主，记录一个“、”的记号，代表这是阳爻，因为照《易经》的道理是“阳卦多阴”，普通的说法也是“物以稀为贵”。如天风姤卦——䷫就是以阴爻为主，以普通的现象来看，六人中有五男一女，这一女就成王了，大家都会听她的，这是天地间事物的一定道理。如果卜出的钱是两个阳面一面阴面，就是阴爻，记录一个“∶∶”的记号。如果三个钱全是阳面，作的记号是一个圈“○”，这就叫作动爻，要变阴的，阳极则阴生。如果三个钱全是阴面，作的记号是“×”，这是要由阴变阳的动爻，这样连续六次，完成六爻。装卦的顺序是由下向上依次排列，第一次所卜得的为初爻，第二次为第二爻，依次上去最后到上爻，这是目前卜卦的方法，它的源流，是自秦汉以后开始的。有些以卖卜为生的人，则故作神秘以显示灵验，其实自己用起来，还可以更简单，也很灵。至于到底能否是无失的灵验，则又牵涉到精神学方面了。如果以简单的方法，随便报一个数字，都可以卜卦，像“一、二、三”，一为乾，二为兑，兑是泽在下，乾是天在上，重卦则为“天泽履”卦，第三个数字是三，则是履卦的第三爻为动爻；如果“一、二、四”，则是履卦的第四爻动，卜卦主要看动爻，一件事是静态的，不动则不需要问，因为本身无事，一动便有吉、凶、悔、吝的后果，所以要在动爻上看吉凶。

先知、神通与现代心灵学

大家玩卜卦，灵不灵的问题，还是中国人的老话，诚则灵，这又是精神学的问题了，如果从这个问题的方向去研究，发展下去又有很多学问。人的精神本身具备了先知的本能，平日又为什么不能发生先知的作用？因为人的精神没有办法统一，所以道家、佛家的修炼，就是要修炼自己的精神可以专一，便不需要靠卜卦就可先知了，佛学叫作神通。社会上有关“圆光”这一类的事（江湖上有一种法术，叫圆光术，用一面镜子或铜钱，令童子视之，可知过去未来之事），并不是神通。传说要尚不知男女情事的童子，才能圆光看见景象，因这种小孩天真无邪，没有任何杂念，他的这种精神状态，就是诚，可见神通就是慧通，是智慧的通达。在佛学上神通可分为五种：一种名为“报通”，就是说有的人天生会看鬼看神，天生的鬼眼，这是前生的宿根。第二种名为“修通”，是由打坐、炼功夫，以及催眠术、瑜伽术等炼成的，像苏联对这类人的训练非常注意，并列为最高的国防机密，花了很多钱来培养超能力的人，用来偷取他国情报，就是修通这类东西。开始是斯大林时代，得了一个错误的情报，以为美国已经研究成功了这种“心灵学”。所谓心灵学，其实就是所谓的修通，加一个科学名词而已。大家就吃这一套，正如庄子所说“朝三暮四”的寓言，换一个名称就吃香了。后来到赫鲁晓夫时代，发现美国知道了他们许多机密，于是苏联便花了许多钱成立了一个机构，专门研究这方面的学问，而且有了不少成就。其实美国原来并没有这些东西，后来倒是偷到了苏联的这套资料，认为很有用处，才开始研究。现在美国、苏联都在研究。第三种为“鬼通”。第四种为“妖通”，以现代的名词而言，即所谓精神病态的人，有些人精神不正常，为鬼为妖所附，对一些小事情能够前知，这也是一通。第五种名为“依通”，如卜卦、算命等便属于依通，意思是靠某一项事物，靠一种数理、数字、光，或利用黑暗的地方，或利用人的脑电波，在某一光度或音响之下，到达一种相当的程度，可以超过眼睛生理上的力量而看到东西，这些都是“依通”。

又一种卜卦的方法

中国的卜卦方法很多，如果不了解它的原理而认为很神秘，一辈子也不敢变更它的方法，因此我就告诉一些爱玩这套的年轻人，用十二个数字，随便报数的一种新方法。报三个数字，第一个数字（我们依先天卦的卦数，即乾一、兑二、离三、震四、巽五、坎六、艮七、坤八）为外卦；第二个数字，亦同样的也用先天卦数为内卦；第三个数字，是代表动爻。假设报的数字为一、二、三，那么外卦为乾一，内卦为兑二，构成了天泽履卦，第三个数字为三，即是天泽履卦的第三爻为动爻，卦是以动爻为主。假使报的数字为一、二、六，就是天泽履卦的上爻动了，但是报的数字如果是七、或八、或九、或十，该是哪一爻动呢？九代表六爻相动，十代表六爻安静，八代表两个爻动，七代表三个爻动，十一代表五个爻动，十二代表四个爻动。

动爻的断法

关于动爻的断法：

六爻安定的，以本卦卦辞断之。

一爻动，以动爻之爻辞断之。

两爻动者，则取阴爻之爻辞以为断，盖以“阳主过去，阴主未来”故也。如天风姤䷫卦，初六、九五两爻皆动，则以初六爻断之，九五爻为辅助之断，“阳主过去，阴主未来”，其中大有学问。

所动的两爻如果同是阳爻或阴爻，则取上动之爻断之，如䷾既济卦，初九、九五两爻皆动，则以九五爻的爻辞为断。

三爻动者，以所动三爻的中间一爻之爻辞为断，如䷀卦，九二、九四、九五等三爻皆动，则取九四爻的爻辞为断。

四爻动者，以下静之爻辞断之，如䷿火水

未济卦，九二、六三、九四、六五四爻皆动，则以初六爻的爻辞断之，如初六、六三、九四、六五等四爻皆动，则取九二爻的爻辞断之。

五爻动者，取静爻的爻辞断之。

六爻皆动的卦，如果是乾坤二卦，以“用九”“用六”之辞断之，如乾卦六爻皆动，则为群龙无首，吉。

乾坤两卦外其余各卦，如果是六爻皆动，则以变卦的彖辞断之，如天风姤卦六爻皆动，则以乾卦的彖辞断之，因为姤卦是自乾卦变来，姤卦是在八宫卦的乾宫之中。

古人有句话，有疑则卜，无疑不卜。一件事情在两难之间，往东亦对，往西亦对，两个方向都对，而又需要确定究竟往哪一个方向最对，自己又无法确定的时候才去占卜。如果自己的智慧还可以去解决的问题，则应该用自己的智慧去解，而不必去占卜了。上面说的仅是卜占的方法之一，即使铜钱等卜占用品一件亦没带，只凭了这十二个数字，就可卜卦，不过不要认为只是玩玩的，自己都没有信心，则一定不灵，一定要诚心才灵，这是精神的问题，宗教的哲学，前知的哲学。一个人真到万难的时候，本身的智慧、精神的潜能才发得出来，这是一种智慧之学，而不是宗教信仰，千万不要迷信。

《河图》与《洛书》的文化根源

河　图

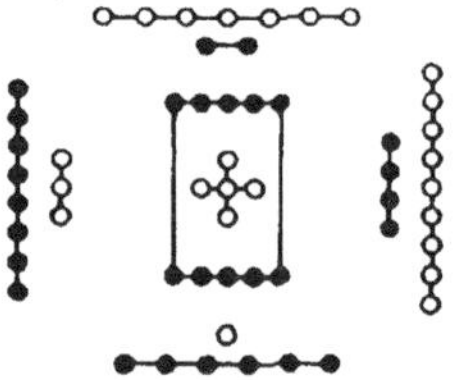

洛　书

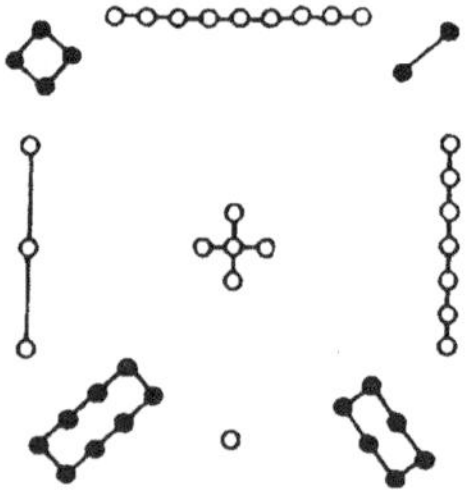

这两个很多圈圈点点的图，就名叫《河图》《洛书》，就是我们麻将、象棋、围棋的祖师爷，这些虽属小道，却与这两个图有关系。

《河图》《洛书》是属于中国学术思想神话部分的东西，旧传说大禹治水的时候，在工程方面发生很多困难，结果在黄河上游，从河中出来一匹马，古人将之神化，称它为龙马。这龙马背上背了一个图案，图案上就是这些个圈圈点点，没有别的，因此这种图案，就名叫《河图》，因为这个图案，产生了数学的方法，数学的观念。但古代的神话，和一般学说的说法两样，神话中说，大禹得了这个《河图》，就能驱使鬼神，把中国的水患治平了。稍后在洛水里出来一个乌龟，这乌龟的背上，有另一个由圈圈点点形成的图案，这个图案，名叫《洛书》。这两种图案合起来，就产生了中国数理的哲学和工程上应用的学说。这是我们传统的说法，后世一直到了唐宋以后，在学说上一般学者都不同意这种说法，他们采取怀疑的态度。到了现代更加反古了，认为这两图毫无意义，并认为这是假托的神话。而现代学者这种“毫无意义”的认定又有什么根据？亦说不出来，只是不相信这一套说法而已。

依我们所了解的，中国文化大概在春秋战国

时候，是没有统一的。那时不但言语没有统一、文字没有统一、交通没有统一、经济没有统一，乃至各个地区的社会形态亦不统一。周朝的政府所谓的中央天子之治，分封诸侯，地方分治，也并不统一。从秦汉以后统一的局面是另外一回事，我们研究历史，常以后代政治形态、社会形态看古人，这是很大的偏差。由于那个时代没有统一，从孔子所保留的四书五经文化看起来，唐虞以上的历史，文字资料太难整理，所以有可靠文字为依据的时候，断自唐尧开始，整理出《尚书》，根据这些资料，就了解尧、舜、禹三代文化区域不同。那时在黄河上游的北部，是更早时期的黄帝，如有名的涿鹿之战，就是在河北的北部，那时的文化是在北方的，后来到了周朝的文化，差不多到了黄河以南。中国的文化是由北向南移，大的一面是由西北到东南，另外小的一面是由北到南，如江南的文化，是从晋朝以后才慢慢由北方推移过来。到了南宋的时代，江南文化大盛。不但是中国，外国的文化也是一样，都是由北方起源，慢慢推移演变到南方来。中外历史上真能统治一代兴盛起来的统治者，都是起于北方，而且很少出于都市，大多都来自乡间，这些对于研究哲学问题关系很大。

现在我们知道中国文化，最初是由黄河上游发展出来，显见《河图》《洛书》这两个文化系统，发生在不同的地点，一个是在北方黄河的上游，一个是在黄河的南岸洛阳这一带。

从天文星象看《河图》

研究这两个图有什么意义？反对一派人的看法，认为这和小孩子画画的东西一样，是毫无道理的，可是，如果说它是毫无道理骗人的东西，可骗了几千年，而且都是第一流人物受骗，那么这种很高明的骗术亦值得研究了。现在我来假定，这是过去非常简化的天文图，那么它究竟指的是哪几个星座？我们知道天文分几种，现在分得更严格，譬如星象学，是属于天文的学问。星象又分两种，一种是讲天文的星座，另一种我定名为抽象的星象学。古今中外如埃及、印度、中国，尤其在大西洋一带的文化，乃至现在新发现南美一带所谓落后地区的星座文化，都属于抽象的星象学。抽象的星象学，是把天文的星象与人体的关系连在一起研究，发展成看相、算命等，都属于星象学——抽象的星象，所以过去的历史文化上，对看相算命的人，都称他们为“星象家”，这就说明看相算命的原理，必须要从星象来的。现在美国有一门星象学，也是新兴的学术，有七八个大学开了算命看相的课，正式研究全世界各国的看相算命方法，现在虽还没有构成学位的系统，但已网罗了各国懂这一套的人开始任教。那么我们提出来的《河图》《洛书》，就是我们古代简化的、归纳性的星象图，这是我的假设，如果从这个方向去发掘，当可发掘出很多的道理，在我们《易经》的象数方面，把这一套归纳出来，说法可不同了，是非常玄妙的，可是这些玄妙的方法产生了很多东西。譬如《河图》下面的一个白点，叫作“天一生水，地六成之”，对方（上面）“地二生火，天七成之”，左边为“天三生木，地八成之”，右边为“地四生金，天九成之”，在中央为“天五生土，地十成之”。以前我们只知道如此背诵，到底什么道理则不知道。事实上研究哲学或者研究科学，问题大了。

举一个例子，全世界的文化，除了宗教以

外，讲宇宙的开始，不外乎一派是唯心的，一派是唯物的。唯物思想认为地球的形成，宇宙的开始，第一个原素是水。后来的地质学家，完全站在科学物理的立场，认为地球的形成，最初在太空中如一团泥浆旋转，经过几百亿万年的不断旋转以后，渐渐凝结起来了，成为地球。在中国的哲学、科学中，《易经》里则有天一生水，地六成之，同样的道理，水是第一个原素，等到形成了地球以后，所谓地六成之，这是中国思想。在春秋以前，讲究时间与空间，这又与西方不同，当时西方讲四方，印度讲十方为空间的方位。中国人在春秋以前讲六合，由庄子提出来，讲六合空间，包括东南西北四方和上下，了解了这些以后，就知道《河图》《洛书》不是随便乱说的。“天一生水，地六成之”，并不是迷信的话，而是说宇宙形成的第一个原素是水，构成了地球以后，再有四方上下六合来形成，但这是从推论来的，还不是科学的。讲到中国的科学，多在过去道家的传统思想里，大家都知道牛顿发现了地心吸力以后，世界的科学有一个转变，爱因斯坦发明相对论以后，对于牛顿的定理又要推翻或修正，又产生了现代的文化，所以人可以到太空去，但牛顿的地心吸力的定理还存在。其实每一个星球的本身，都有它的吸力，所以各不相干，都在那里转，但问题在于太空中有这么多星球，为什么不会相撞呢？舞台上表演特技，抛掷许多球不会碰撞，是因为时间、速度控制得好，位置摆得好，用力适当得好，可是太空的星球有谁在抛掷它们呢？这个问题的答案还没有找到，全世界人类正在找，我们把这些资料汇集起来，再研究《河图》《洛书》，就知道它们本身是有道理的。

为什么“地二生火，天七成之”？这图案下面两点是偶数，黑点表示是阴性的，阴的东西是构成物质以后，阳的是在没有构成物质以前，等于现代科学名词中的“能”，有作用，但是看不见的，以哲学而言“能”是抽象的，在这里的代号就是白点，是奇数的。地二生火，古代亦可解释为地下有火，所以有火山爆发，由地下生出火来，因此叫作“地二生火”，这种解释似是而非，是前一个时期的知识范围所能作的解释。事实上“地二生火”是说地球形成以后，它的转动摩擦，发生了电能，然后“天七成之”，这个是因为地球在宇宙中的位置，与北斗七星，所谓大熊星座有连带关系。我们中国讲天文地理，离不开北斗七星，古人认为这是皇帝的星座。我们不必看得那么神秘，这有另外一套道理，同中国的政治哲学思想、科学、天文，样样都有关联。

《洛书》与大禹治水

关于《洛书》的图案，传说是有一个乌龟从洛水里浮出来，背上有这个图案，我们的老祖宗大禹有了《河图》《洛书》以后，启示了他的灵感，所以把中国的水患平定下来了。在我们中国文化的发展中，大禹的功劳最大，因他治水以后，中国九州才开始可以农业立国，一直传下来几千年，治水可以说是大禹一件划时代的工作。而他做这件工作的智慧，是由《河图》《洛书》的启示而来的。这个《洛书》的图案，正好是一个乌龟壳的形状，图中的点点，古代有一首歌来叙述它说："戴九履一，左三右七，二四为肩，六八为足。"头上是九，下面是一，左边是三，右边是七，这些都是阳数，白点子，占了四方。另外四个角，上面右角是两点，左角是四点，如同在肩膀上；下面右角是六点，左角是八点，像两只足，为阴数，是黑点，五则居中，这是《洛书》的数字。《洛书》的数字摆法，是后天的用，《河图》的数理则是体。

不传之秘

这两个图的数字方位知道了以后，再把《洛书》数字的图案，套在文王后天八卦的图案上，于是我们前面讲过的“一数坎兮二数坤，三震四巽数中分，五寄中宫六乾是，七兑八艮九离门”的道理就看出来了。现在告诉大家，以前古人讲易数卜卦，不肯传人的秘诀，老实说那些传秘诀的人，自己对秘诀的道理都不清楚，只知道书上说的，书上为什么这样说，他就不知道了。问题在于八卦的起用，是用文王的后天八卦，用《洛书》图的数字，配上后天卦的方位，以用在占卜上，看对与不对，如此而已。有些人研究《易经》感到困难，就是因为被这些符号迷住了，尤其中国人过去的思想，研究了许多年发现了，却不肯教别人，否则他自己没得玩的了，所以只好瞒一手，这一瞒就完了，后人又要费好多心血去找出来，假如又瞒一手，几千年就如此退下去了。其实大可不必，我觉得这是一个科学的东西，科学上的最高原理，现代可以不用在算命、卜卦、看风水上，现在可以用到宇宙的法则上。学通《易经》后，多看看太空、理化方面的新学问，会发现很多新的东西，就可以知道我们老祖宗的文化伟大之处了。

《系传》——孔子研究《易经》的心得报告

谈到《系辞》上下二传，相传是孔子所著。大家注意，孔子是到五十岁才开始学《易经》的，所以他说五十而知天命，六十而耳顺，七十而从心所欲，加上二十年学《易经》的心力，他认为得了道。不过后来有人考证，认为《系传》不是孔子著的。不过我对考据的事情，虽非常重视，但不太去管它，原因是考据的东西很难断其是非，我始终有一个理论，即使我自己昨天做的事情，今天若要说出来，都会有些模糊，如果说今天拿到一块泥巴，考据到几千年前的事情，硬说它是某种情形，那你爱怎么讲就怎么讲好了，谁有把握？所以《系传》到底是不是孔子著的，那只是次要问题，我们现在主要的是研究这篇心得报告的内容。其次我们知道，中国文字是非常美的，《系辞》的文字真是美极了，在古人传统的看法都认为是孔子自己写的，的确很美，文字用得很简要，一个字代表了很多意思，而且读起来很顺：

> 天尊地卑，乾坤定矣。卑高以陈，贵贱位矣。动静有常，刚柔断矣。方以类聚，物以群分，吉凶生矣。在天成象，在地成形，变化见矣。

这一段文字不但很美，包含的意义也很多，和《论语》比较起来，学生们的文章，到底差了一点。老子的《道德经》和孔子的《系传》，以文字的立场看，的确很美，文章中有关哲学的道理、科学的道理，实在包含太多了，中国人都懂。

天尊地卑　乾坤定矣

第一个道理是“天尊地卑，乾坤定矣”。尊卑是两个对立的名词，并不是说权力财富的尊贵，卑亦不是下贱，是指人的感情思想，对于宇宙不可知的事，尤其古人觉得天很伟大，如对登山者登上玉山，赞它一句伟大，这是尊的真意，是一种形容词，越远大的，越摸不到的，我们觉得它越尊贵；而对于地，我们离不开地生活，离开了一秒钟就不得了，所以我们和地很近、很亲切，卑也就是很亲近很亲切的意思。这其中有很多哲学的道理，人的心理思想，凡是远的，摸不到的，看不见的，都认为是好的，理想永远是美的，越是稀少的、得不到的，在人们心目中的地位便越高，对于浅近的，就觉得没有多意思，没有多令人稀罕。就如男女之间的恋情，对于一个还没有追到手的小姐，永远觉得是好的，永远美丽，爱情笃实，可是一旦结婚以后，慢慢地接近，这个卑就出来了，这是人情之常。

"乾坤定矣"，许多人用这四个字作为结婚者的贺词。过去结婚，要把新郎、新娘的生辰八字送给算命先生合婚，就用这句话说是"乾坤定矣"，其实这句话用错了，真正的意思是，"乾""坤"是两个卦的代名词，乾卦是代表高远的天，坤卦是代表与我们亲近、卑近的地。"天尊地卑，乾坤定矣"，这是《易经》的学理上、卦上的话，可是古人的解释，以为有了《易经》，我们的祖宗伏羲画了八卦以后，天地就开始了，这和今日西方宗教的说法一样。西方人说上帝创造了世界，我们说盘古老祖宗这么一画，天开于子，地辟于丑，于是天地就开始了，是一样的错误。真正的意义是，乾坤两卦是天空与大地两个自然形象的代表，我为什么这样解释？在这里接下去说，"卑高以陈，贵贱位矣"，这句是解释上面的话，卑就是亲近的，地球对我们太近了，高就是太空，越高越远；"以陈"，这一高一卑陈列在我们的前面，所以我们人类的思想感情，看见远大而摸不到的，认为尊贵，而对于亲近的却觉得无所谓了。因此乾坤两卦也代表了位置的不同，道理就在这里。

动静有常　刚柔断矣

动静有常，刚柔断矣。

这要注意，将来研究《易经》的象数，一定要记住动、静、刚、柔这四个字。动静就是阴阳，一动一静，动为阳，静为阴。刚柔，看得见的事物，如牙齿与嘴巴，牙齿是硬的为刚，嘴巴是软的为柔。实际上是这里面含有两层道理，动静是讲物理世界的情形，当地球没有形成以前的那种物理层面的世界，是一动一静的现象，这是阴阳正反两面的力量在互荡，到了物质的世界，就是刚柔，是物质出来的现象。所谓“动静有常”，宇宙间任何法则，太阳、地球、月亮、宇宙的运动，乃至人类思想、感情、情绪的变化，国家大事的趋势，并不是盲目的，虽然未来的前途如何，大家不知道，这是因为不懂《易经》，懂了《易经》，至少会知道个大概。“动静有常”，总离不开一个一定的原则，一个常规，等于一个孩子的长大，今日一岁，绝不可明天就是两岁，后天就是三岁，一定要一天天加下去，加满了三百六十五天才能长大一岁，这是有常。“动静有常”就是指物理世界的动静是有其常轨的。研究科学的人知道，原子的变化有一定的规则，这种排列形成这种现象，那种排列产生那种变化，经过一定的时间和一定的空间，便发生一定的变化，这种轨迹没有办法违反。“刚柔断矣”的“断”，不是一根线断成两截的断，是断定的断，判断的断，决断的断，有了刚柔，就可以判断物质世界的一切变化。

方以类聚　物以群分

方以类聚，物以群分，吉凶生矣。

这个“方”字有两种解释，古代的方字，写作“”，像一只猴子蹲着，所以有人解释方以类聚，是说像猴子一样，一类一类地分别聚在那里。这说法有人反对。后来我亦发现这一说法，是受了政治上唯物思想的影响而产生的。“方以类聚”的真正意义，方是指空间、方位，所以学《易》要注意时间与空间，也是现代的科学精神，中国过去不称空间而称“位”，“位”这个字用得比“空间”还要更好。懂了《易经》以后，处理事情，到处都有位的因素。譬如我们现在立脚的一块地，在五十年前是荒郊野外，没多大价值，可是到五十年后的今天，虽不是黄金地带，也是白银地带了，这就是位的作用。任何事情，一个很好的计划，太早或太迟提出来都不能实现，一定要在恰好的时间提出来才能做到，而且是双重因素，除了时间，还有位置。方以类聚，每一方位的人，乃至个性、情绪都不同，物也是一样的道理，像台湾高山上和大陆温度相同的地方，种出来的某种蔬菜，看起来外形和大陆的一样，可是吃到口里，就不一样，这是因为方位不同，这就是方以类聚。

至于“物以群分”是说在物理世界，一群一群的分类现象，就是这个道理。于是吉凶在这里发生了，“吉凶生矣”。学《易经》的人都知道，世界上未来的事情，只有两种结果，就是吉或凶，好或坏，做生意不赚钱便蚀本，没有做一年生意，不赚一毛亦不赔一毛的。过去有人跨着门槛要求卜卦者卜断他是进门抑或出门，因而把卜卦者难倒了。假如我是卜者，我会断他不进门则出门，这断法表面上看来好像很滑头，其实这是一定的道理。吉或凶，都是因人的心理而产生的，为什么呢？因为“方以类聚，物以群分”，这一类的人和那一类的人利益有了冲突，于是吉凶就分出来。到这里，也把《易经》运用的原则告诉了我们，那么我们怎样知道过去未来呢？

在天成象，在地成形，变化见矣。

就是说，欲知过去、未来的学问很简单，人人都可以学会，只要看见太阳系统里，星辰运转的法则，懂了它的原理，在地上的每一成形的东西，山是高的，水是流动的，任何现象，都可以看得出来，懂了变化的法则原理，那么对于过去、未来便都知道了。

刚柔相摩　八卦相荡

> 是故刚柔相摩，八卦相荡，鼓之以雷霆，润之以风雨，日月运行，一寒一暑……

这一段的意思是接着上面来的，是研究《易经》八卦道理最重要的地方，这是指我们现处的太阳系统，所带领的星球世界中的物理法则，扩大一点来说，也可以说是宇宙运行的法则。懂了宇宙运行的法则，自然会了解人事，正如儒家所标榜的“天人合一”的道理，至于把这个法则应用到另一个太阳系统，是不是相通呢？推测下来，大概也是相通的。

现在说的“刚柔相摩，八卦相荡”，就是说我们人类所居住的这个太阳系统以内，物理的法则都由刚柔（这是两个物质世界的代号）也就是阴阳，互相摩擦而产生。宇宙间任何东西，都是由这两个相反的力量互相摩擦才生出来的，这是摩。至于八卦相荡，开始时我们已经画过八卦，为了解说的方便，现在需要先介绍一些关于《易经》的基本知识。

先说什么是《易经》。前面我们曾经说过，“易”就是变易、不易、简易三个原则，这是汉代儒家提出来的解释，这个解释对不对倒是另外一个问题。究竟为什么叫作《易经》？这是根据汉朝一位道人魏伯阳——道家的神仙，又名火龙真人的说法来的。他有一本有名的著作叫《参同契》，朱熹一辈子不敢说对这本书已经研究通了。这本书是根据易理讲修道的书，也就是中国所谓道家的鼻祖。在书中，他提到了“日月为易，刚柔相当”的话。我们看古文“易”字，上面是日的象形，下面是月的象形，把上面太阳下面月亮合起来，便是“易”字了。这个意思是说，《易经》这本书，是叙述我们人类这一个太阳系统的宇宙中，日月所运行的一个大法则，可见有关《易经》的定名，以魏伯阳的解释为最正确。可是自宋朝到清朝这几百年间，很多人怀疑这个解释，而日本人解释得更妙，他们说

“易”是一种动物——四脚蛇，也就是蜥蜴，因为它的特征是善于变化，它栖在绿色的树叶上，体色就变成绿的，栖在红的花上，体色就变成红的，所以“易”就是蜥蜴。日本人对于我们的文化，有时候固然歪曲得很厉害，但有时也是很有趣很可笑的。他们还提出证明，说《易经》中有很多都是用动物代表的，如龙、象、马等都是，所以“易”就是易变体色的蜥蜴。在几十年前，我们中国的学者也跟着日本人如此说，中国人把中国自己的文化弄得一塌糊涂，甚至说大禹是一条爬虫，根本没有大禹这个人。日本人这样说，我们的学者也跟着这么讲，这些说法都是不对的。什么叫《易经》？到现在为止，大家考据讨论的结果证明，还是魏伯阳对《易经》作的解释最为正确，因为后来出土的甲骨文上，找到《易经》的“易”字，就是太阳、月亮的象形字，上下合在一起，就是远古时代的“易”。照《易经》文化来看，我们的历史应追溯到两百多万年以前，我们现在自己号称五千年历史，那还是太谦虚了。两百多万年前的文化，“易”就是日月，可见“刚柔相摩，八卦相荡”就是太阳月亮以内的宇宙法则。

明白了以上这些，现在我们再谈八卦相荡的问题。所谓“荡”，如同荡秋千一样，一来一往。六十四卦就是八卦的一来一往，彼此相荡出来的。以先天卦的方位来看，如以乾卦为标准，乾卦一荡，与兑卦碰在一起，于是便成天泽履卦，反过来，兑卦一荡，碰到乾卦，于是成为泽天夬卦，乾卦如果荡到另一边，碰到巽卦，于是便成天风姤卦，无论以任何卦为标准，都是一样。昨天报纸刊出，美国总统福特去大陆，有人为他卜了一个卦说如何如何，灵不灵且不管，不过有时候拿来玩玩，或是心里实在不宁静，生死存亡之间，来玩玩亦不错。准不准呢？等于在事急时祷告上帝、拜求菩萨一样，也可以在这中间找出办法来，找出生路来，因而一下子精神便安定下来了，这也可以说是精神的最高寄托，但却与宗教信仰不同，宗教信仰是依赖的，是把自己交给另外一种看不到的神，而卜卦则是可以在自己的智慧中解决问题，找到所应走的道路，这就是荡的道理，也与上面所说综卦的道理一样。

这里孔子研究《易经》的报告，所谓“刚柔相摩”，是说这个物理世界的刚柔相摩，用现代语勉强解释为坚硬的和柔软的互相摩擦。譬如物理世界最柔软的东西，老子常说是水。老子的思想，孔子的思想，诸子百家的思想，没有不是从《易经》里出来的，如“塞翁失马，焉知非福”等这一套观念，也都是从《易经》里面出来的。所以老子亦说，“祸兮福之所倚，福兮祸之所伏。”都是来自《易经》的思想。我们研究了《易经》，再研究老子思想、孔子思想的问题，就可迎刃而解了。天地间没有绝对的，老子提到世界上最柔的是水，刚强的终归会软化，水一滴一滴都是软的，没有骨头，风一吹就干了，可是不管是铁板、硬石，年深日久，都会被这一滴水滴穿了。老子是在这个观点上说水是最软的，实际上照《易经》的道理，水还不算最软，因为水还是有形态的，最软的是没有形态的，是空间，是这个虚空。那虚空有些什么呢？普通说来，虚空就是没有东西。而《易经》的道理，和现代科学观念一样，认为虚空并不是空无一物，而是充满了原子，我们的手在虚空中挥舞一下，虚空中的原子便都动了，发生作用了，这样宇宙便已经受了很大的影响，好像是一颗小石子投到河里一样，开始时只见到一点小波纹，这个波纹照科学的道理，慢慢扩大开去，一万年以后还在扩充，所以任何一点的动，都会产生很大的力量。空是柔的，刚的可以被空摩掉，由这个道理说明刚柔相摩，是互相摩擦，并不是刚不及柔，有时候柔的东西也会被刚克掉，这是刚的成分较重的关系。

《易经》的道理告诉我们，像一架天秤一样，哪一头重，另一头就高起来，这一头重，那一头就高起来，不能均衡，几乎没有一个时间是均衡的。均衡是最好的状态，但是很少，就以我们自己的心身来说也是如此，我们心理方面的思想，没有一个时候是均衡的，不是心里不舒服，就是思想在混乱。一般人说打坐修道，什么叫作“道”？能经常保持心身的均衡就是道。那么打坐，又何必闭起眼睛、盘起两条腿装模作样呢？我们知道打坐的目的，也是求得心身的均衡，如果心身不均衡，打坐亦没有用。大家都有几十年的经验，每天不是情绪不好，就是身体不舒服，过分高兴也不是均衡，身体绝对没有一点毛病，心理绝对平和的状态，生活一百年，也难得有十天到达这种境界。这些都说明了，刚柔时刻都在相摩，因此就产生了大宇宙间八卦相荡的道理。这个道理，推于人事，我们亦可了解，人与人之相处，不管是在一个团体或一个家庭，不可能永远没有摩擦，因为"刚柔相摩，八卦相荡"这个宇宙的法则，都是两个彼此不同的现象在矛盾、在摩擦，才产生那么许许多多不同的现象。一切人事也都不能离开这个道理。我们学了《易经》的好处，就是对于人事的处理会有更好的原则，例如对方发了脾气，就会劝他不要动怒，等一等再说，等他的这一爻变了，变卦了，他不气了，再谈下去，又是另一卦的现象了。学通了《易经》的人，对别人在发脾气，自己觉得没有什么，但他火发得天大，那是"火天大有”，让他发去，发过以后，反过来“天火同人”，两人还是好兄弟，算了，不要吵了。学通了《易经》，用之于人事，便无往不适了。

时与位

《易经》上告诉我们两个重点，科学也好，哲学也好，人事也好，做任何事，都要注意两件事情，就是“时”与“位”，时间与空间，我们说了半天《易经》，都只是在说明“时”与“位”这两个问题。很好的东西，很了不起的人才，如果不逢其时，一切都没有用。同样的道理，一件东西，很坏的也好，很好的也好，如果适得其时，看来是一件很坏的东西，也会有它很大的价值。居家就可以知道，像一枚生了锈又弯曲了的铁钉，我们把它夹直，储放在一边，有一天当台风过境半枚铁钉都没有的时候，结果这枚坏铁钉就会发生大作用，因为它得其“时”。还有就是得其“位”，如某件东西很名贵，可是放在某一场合，便毫无用处，假使把一个美玉的花瓶放在厕所里，这个位置便不太对，所以“时”

“位”最重要，时位恰当，就是得其时、得其位，一切都没有问题。相反的，如果不得其时、不得其位，那一定不行。我们在这里看中国文化的哲学，老子对孔子说：“君子得其时则驾，不得其时，则蓬虆以行。”机会给你了，你就可以作为一番，时间不属于你，就规规矩矩少吹牛。孟子亦说：“穷则独善其身，达则兼济天下。”这也是时位的问题，时位不属于你的，就在那里不要动了，时位属于你的则去行事。八卦相荡就包含了这许多道理。

日月运行　寒来暑往

现在再继续讲到：

> 鼓之以雷霆，润之以风雨，日月运行，一寒一暑。

物理的法则，宇宙的法则，我们感觉到，人生在地球上，受天体的变化、气候的影响，尤其学中医的，更要留意，所谓风寒暑湿，这是外感进来，最容易发生病态的情形，这些都是《易经》所说太阳、月亮以内的宇宙法则。这个自然的现象，都是可爱的，在这里我们可以看到孔子写文章技巧的高明了。我们说过，《系传》这篇文章，纯以文学的价值来说，比《老子》《庄子》两本书更美，读起来更有节奏音韵感。“鼓之以雷霆”可不是打鼓的意思，也不是说像打雷的声音一样。这个“鼓”字的意义，等于现代四川人说“生气”为“鼓气”的“鼓”字一样。吹气吹胀了就谓之“鼓”，这里就是这个意义。宇宙自然的法则，必须要有雷电的震动，才能维持宇宙万物均衡的发展。用《易经》的道理来看这个宇宙，有时候大风、大雨不一定坏。譬如台风在我们来说，台风来了，破坏了农作物，吹倒了房子，觉得它很坏，但在整个大自然来说，在某一个角度，某一个时间，某一些情况下，却需要这一个台风，否则的话，自然界的各种生命，便会发生某种意想不到的问题。宇宙间必须要这样的震动才好，所以要“鼓之以雷霆”，不过假如宇宙永远在打雷，那也就糟了。太干燥了不行，又要“润之以风雨”，宇宙自然的法则，刮风下雨，天阴天晴，每一个现象都不能缺少。太阳月亮的运行，构成了一寒一暑的流转交替。这里要注意，《易经》没有讲春秋，只有讲寒暑，冬夏则用得很少，《易经》的道理是宇宙只有冷与热两种对比，人们觉得春秋两季，不冷不热最舒服，刚好中和。在《易经》的道理上看，秋天是开始冷的小冷，春天是开始热的小热，所以《易经》只是说两个东西的对比，寒暑两种而已。夏天是热到了极点，冬天是冷到了极点，这样一寒一暑，便形成了这个五彩缤纷的花花世界。

十二辟卦

说到这里，我们要注意到下面这一个图表：

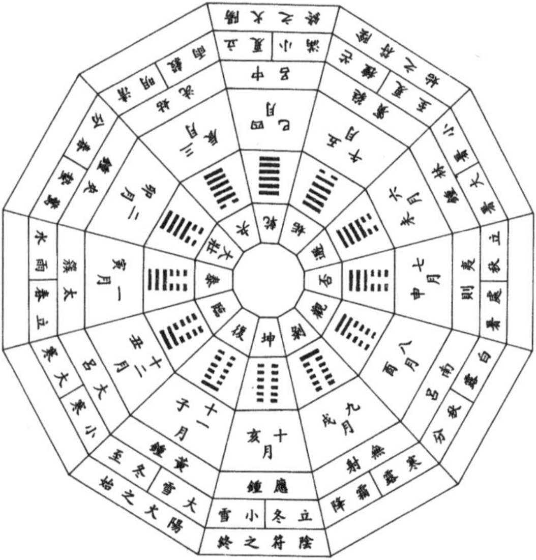

一岁十二月六阴六阳之象

这个图的中心是空的，我们暂时不去管它，以后再讨论。其实这个中心最重要，它代表了太极，亦即是本体，是空，无物的。外面第一圈，是十二个卦，这十二个卦，在《易经》有关的书上，有一个专门名称，称作“十二辟卦”。所谓“辟”，有开辟、开始的意义。还有一个观念，大家要注意的是十二辟卦，又名侯卦，意思是诸侯之卦。以前迷信，卜到这种卦，认为命运了不起，是方面大员的诸侯之卦，可不要去相信这一套，根本不是这么一回事。所谓“侯卦”只是一个代号，易是以古代的政治制度来作比方，中央的是天子，坐镇各方的是诸侯，大诸侯镇守十二方，所以名为侯方。再清楚地说，《易经》是拿我们古代的政治制度，来说明这十二个卦的位置和性质，并不是说卜到了侯卦，就非当诸侯不可，否则诸侯当不成功，可被人当猴子耍了。孔子说过，学《易经》学好了，就“洁静精微”，的确了不起，学不好就是“贼”，因为学这套久了，很容易走上迷信的歧路，实际上这是最高智慧的东西。这十二辟卦之名为辟，是根据《系辞》下传第六章“子曰：乾坤其易之门邪”来的。孔子说，研究《易经》第一步先要研究乾坤两卦，乾坤两卦懂了，《易经》的门就打开了，可以开始研究《易经》了。

阳物、阴物，错把冯京当马凉

说到这里，我们顺便把这章讲下去：

> 乾，阳物也。坤，阴物也。阴阳合德，而刚柔有体，以体天地之撰，以通神明之德。

孔子推崇乾坤两卦的确是了不起，但是有一点要特别注意，近六七十年来，我们中国文化，被自己搞得一塌糊涂。有几位非常知名的学者，和若干大学教授，以及日本人，他们都说《易经》讲阴阳，是讲男女的生殖器官，阳就是代表男性的阳具，阴就是代表女性的阴户，而且他们举出“乾，阳物也。坤，阴物也”这两句话来，说是孔子这样说的。其实在唐宋以后，男性的生殖器官才称作阳物，在唐宋以前称作“势”则有之，并没有人称作阳物。孔子这里所说的“乾，阳物也”，是说阳性的一切东西，而现在的人把后世的名词套到古文中去解释，可真是岂有此理！等于老子讲物，有人说老子是唯物主义者，是一样的荒唐。在秦汉以前的人对“物”字的观念，并不如同后世的物质观念。在秦汉以前的物，等于我们现在口语中的“东西”。如果一千年以后的人，来考证我们今日文章中的“这个东西”一句话，那会要命的。譬如现在的人骂别人，往往会说“简直不是东西”或“讨厌的东西”“你是什么东西”等，也许一千年以后的人，可以大写一篇一九七五年关于“东西”的考证文章，而拿到博士学位。现在的人就知道“你是什么东西”这句话是骂人的，而古人的“物也”，也就是我们今日说的“东西”，所以不能说孔、老是唯物主义者。这里孔子是说，乾可以代表阳性的东西，坤可以代表阴性的东西，这是很明白的，这种话好像是很枯燥，可是有人曾写了好几本“大”书，用来教育我们的下一代，可惜错了，所以我们要多了解一下，便于纠正下一代的不正确思想，免得把古代的孔子、老子搞得那么惨。

阴阳与刚柔

阴阳合德，而刚柔有体，以体天地之撰，以通神明之德。

意思说人把乾坤的道理弄清楚了，就可以通天通地，而上面这一个表，就是说明“乾坤其易之门邪”的道理，先要把乾坤两卦的变化研究清楚。

这图表自内向外为序的第二圈，画的是卦象，第三圈是地支，代表月份，如今天是中国历的十月，为亥月，天气已冷，但有几天暖和，是“小阳春”。十一月是子月，十二月是丑月……依次配合，再外面第四圈，应钟、黄钟、大吕，是中国音乐的名词，这十二个音乐上的名词，通称为律吕，也是气候的变化。最近看到一份报上，有一位研究音乐的教授大骂律吕的文章，其实是他不懂什么是律吕。另外一位大学者，说外国音乐只有七个音阶，而我们中国有十二个律吕，这又错了。还有一位申请某项经费的老教授的论文中，也说到律吕的问题，但似是而非，所以要研究中国文化，这些都要了解的。再第五圈是二十四个节气，将来研究《易经》象数方面，亦即科学方面，这个十二辟卦的法则，一定要记住。一年当中，分十二个月，这十二个月，一半是阴，一半是阳。以一天计算，同样一半是阴，一半是阳。以每天的子、丑、寅、卯、辰、巳六个时辰，亦即深夜的十一时零分零秒至次日上午的十时五十九分六十秒是阳，而午、未、申、酉、戌、亥六个时辰，亦即上午的十一时零分零秒至夜间的十时五十九分六十秒为阴，这是我们中国古代的科学。现代西方人研究中国针灸，亦就以现代的科学来求证，证明它的道理，不能说它不科学。

我们中国的这个历是夏禹的历法，又叫夏历，又叫阴历，因以太阴——月亮为标准，每月十五，月亮从东方出来，一定是圆的，用这个标准，可以知道各地潮水的起伏升降，推测出农作的时间，等等。我们中国人过年，还是喜欢过阴历年，而正月是寅月，十二地支，以“子”开始，而夏历的子月是十一月，十一月的节气有冬至、大雪。一个月有两个节气，其中一个是节，一个是气；大雪是节，冬至是气，这个时候是复卦。所谓复卦，我国古人即知道，地球的外面，是太阳，月亮，金、木、水、火、土五大行星围绕，月亮本身不会发光，是借太阳的光反射而亮的，而且知道月亮半圆时，另一半是在黑影中，并不要等到近世用仪器或太空人爬上去才知道的，而且知道各星球都有放射能量的功能，而地球一方面在吸收其他星球放射的功能，同时它本身亦在放射其能，和其他星球的功能相互影响。这些理论在古书上都有记载，可知我国古人对宇宙的科学非常了解。

地球吸收太阳和宇宙的功能原是这样的：夏至一阴生以后，开始渐渐吸收宇宙的功能，一直到冬至吸到地心，在古代是说阳气下降到地心，到了冬至才开始渐渐外放。古人并说阳气从地球放射到高空的时候，可到达九万六千多丈，这不能说我们的古人不科学，几千年前，他们就知道地球的放射功能，会达到太空的其他星球的一定界限，也就是现代所称的游离电子层那个界限。地球到了冬天把阳能——现在可称作太阳的放射能吸到地心去。我们从井水的情形就可以知道，夏天的井水是凉的，冬天的井水是温的，就是因为地下有阳气。所以我们中国人吃东西，也是依照宇宙的法则来的，冬天可以吃冰淇淋，吃太凉的东西亦没有关系，因为胃的阳能内敛；夏天外面热得很，而阳能向外放射，里面是空的、是寒的，所以不吃冷的，因此中国人以前空腹不吃水果，饭后也不吃水果，一冷一热，慢慢易出毛病，现在却学西方了，饭后吃水果，反认为科学。

到了十一月，阳气重新生起来。中国人冬至进补，就是这个道理，因为这时消化力特别强，补品吃进去，营养容易吸收，同地球的道理一样，所以冬至一阳生，是十一月开始，卦象是复卦“䷗”，上面都是阴爻，代表寒冷，一阳生，从地底的功能发生来的。

古书上说："冬至一阳生，夏至一阴生。"那么阳是什么？它是说明地球的物理，这是其中之一。《易经》包括的学问太多了，如学医，先要把《易经》研究透，因为人体的内部亦有一阳生，有些年纪大的，或者比较衰弱的，不必害怕，因为人随时有一阳生的现象，只要把握住这初生的一阳，适当调摄，就对健康有益。像有些人睡不着，好像是失眠，其实是体能消耗到要恢复以前，可能精神非常旺，不想睡，要注意，这不是阳气而是阴气，和地球物理一样，但过了这个阶段，非常想睡，会大睡，那就是一阳生的现象，这就是复卦。

节气与十二律吕

什么是“黄钟”？就是律吕。十二律吕是中国人的发明，我们研究音乐，常提到丝、竹、管、弦，其实这都是后来的，最早是土石做的，后来才用丝做弦，用竹做管，即所谓“丝竹管弦”。我们中国的音乐与西方人不同的，是声音比较细，这是由于中国几千年来都是农业社会，不像美国一开始就是工业社会，过群体生活。西方人运动也是大家一齐来，中国人的运动也多是各人搞各人的。音乐方面，中国人弹琴，是给自己听的，西方文化，由于群体社会，艺术表现是给别人欣赏的，不是为了自己的欣赏。其次音乐的发展也与中国不同，中国的音乐是不规则的，因其不规则，音乐艺术的境界就很高了，而西方的音乐是规律化的，表面上听起来很好，实际上真要讲究律吕还差得很。可是中国的音乐太深了，深得很难使人欣赏了解。曾经有一个笑话，有一个人弹了一辈子箜篌，有一次开演奏会，听众满堂，可是他只弹了一半，听众都走光了，只剩下一个老太婆，坐在那里流眼泪，这位箜篌家大为高兴，发现在这个世界上到底还有一位知音，询问之下，原来这位老太婆是一位寡妇，听了“哆！哆！当！当!”的箜篌声，回想起弹棉花的亡夫，所以不禁流下眼泪来。从这个笑话，可知中国音乐不容易欣赏，律吕的道理，不容易了解。

律吕的发明，是在中国的西北。陕西、河南边界，有一种吕管，形状据说像竹子又不是竹子，长短粗细，有一定的标准，共有十二种，埋在地下，传说是埋在天山的阴谷。由于这十二种管子长短不一，深入地下的长短也不同，而上端则是齐平的，管中充满了芦灰，管口用“竹衣”（竹子内的薄膜）轻轻贴上，到了冬至一阳生的时候，最长管子中的灰，首先受到地下阳气上升的影响，便喷出管外，同时发出“嗡”的声音，这就叫黄钟之音。然后每一个月有一根管子的灰喷出来，亦发出不同的声音。这样由黄钟、大吕、太簇、夹钟、姑洗、仲吕，属于六阳，下面蕤宾、林钟、夷则、南吕、无射、应钟是属于六阴（另据徐元诰《国语集解》：黄钟、太簇、姑洗、蕤宾、夷则、无射，属于六阳，林钟、仲吕、夹钟、大吕、应钟、南吕是属于六阴）。阴阳不同，这又讲到中国的音韵学了。如作诗，中国有一本《诗韵》，分一东、二冬、三江、四支等等，如其中“东”与“冬”，同是平声，但仔细去研究，它的发音有阴平、阳平之分，东是阳平，冬是阴平。因此后来到了邵康节研究《易经》，就知道任何一种声音的震动，都有八万六千多个幅度，某一种幅度，声音可以杀人，某一种幅度，声音可以救人，这种理论，在近世西方才证明到，可是我们祖先早就知道了，能说我们不科学吗？可惜我们子孙不争气，没有在这些科学上求发展，也可以说我们这些子孙很争气，因为懂了这些道理以后，觉得没有什么稀奇，不拿到物质方面来运用。

现在话说回来了，黄钟，是在十一月，也是

子月，到了一阳初生的时候，卦是复卦。到了十二月阳能又逐渐上升了一些，初爻和第二爻都是阳爻，有两个阳了，因为内卦变了，成为兑卦，兑为泽，于是重卦成了地泽临卦了。在节气上，小寒是节，大寒是气，到了正月是寅月，是地天泰卦，所谓“三阳开泰”，就是说已经有三个阳了。律吕是太簇之音，节是立春，气是雨水。二月是卯月，内卦是乾卦，外卦是震卦，震为雷，雷天大壮。二月是大壮卦，大陆上放风筝，可以飞起来了。二月的惊蛰节非常重要，在立冬以后，蛇虫青蛙就看不见了，口里含一团泥巴，钻到地底下，不食不动，半死状态，现代科学上称作“冬眠”，我国古代称作“蛰”或“蛰伏”。要到二月间雷天大壮的时候，第一声春雷一鸣，这些蛰伏的蛇虫青蛙，吐出口中的泥巴出洞了，称作惊蛰。过去农夫惊蛰以后下田耕作，一不小心，触到毒蛇含过的泥巴，会中毒肿痛。在大陆未过惊蛰，农作物种子下地，不会发芽生长的，一定要惊蛰第一声雷以后，才开始抽芽的，这个科学的道理，大家没有注意。

前几年有一位美国农化方面的教授，来台大农学院讲学，他亦研究《易经》，所以有人介绍来看我，谈起他们美国人现在也知道研究雷和生物的关系了。据他们的研究，一声雷的结果，可以在地面产生八十万吨的自然肥料。我告诉他我们中国人老早就知道了雷的作用，而且《易经》上告诉我们，雷有八种之多，水雷屯，泽雷随，风雷益，天雷无妄，火雷噬嗑，山雷颐，地雷复，震为雷等，而地雷复的雷肥料最多。

《易经》的学问太多了，如中医也是由《易经》来的，人的身体变化，亦和宇宙法则一样，如没有研究好《易经》，把脉不会把出结果来。中医的望、闻、问、切，先用眼睛看病人是什么颜色，一看神气，对他的病就知道了一半。再听他的呼吸，听他讲话的声音，就知道了一些症状。第三问，同西医一样，了解病人的年龄、籍贯、职业，如一个运动家和一个坐办公室的公务员，病状绝不同，他们患同一的病，但用同一的药方，有一人会效果少或没有效果的，所以要问得很清楚。

有一个医学上的故事，唐代有一个人头痛，求神医孙思邈诊治，经过按脉，这人并没有病，到病人的居所一看，一条壁缝正对他睡觉时的头部，也就是头痛的地方，把床位移动，就不痛了。所以平常坐位置亦要注意，一线风容易使人受病，处身在大风中反而没有问题，因为有了抵抗的准备。有一个朋友半身不遂，中医没有办法，我劝他到西医那里检查牙齿，他最初认为不可思议，后来检查发现有一颗牙齿坏了，拔除这颗牙齿，半身不遂好了。过去牙科医生最难，要学七年才能毕业，医师会诊，牙医是坐首席的，有如此重要，可见为医之难。我有一次在国防医学院讲演，我说没有医生能医好病的，医生如能医好病，人就不会死了，但医生照行医，人还是照死，中国有句俗话："药医不死病，佛度有缘人。"有一种病，中西医都医不好的，这是什么病？"死病！"我又说，现在学医的人动机很坏，都是为了想赚大钱，这是很糟的，以赚钱为目的学医，就不去学医理，只是学点技术，所以医越来越退步。学医当学医理，在德国就有医理学家，可见人家对医的重视。

我说这些闲话，是说明《易经》中的学问，没有哪一样的原则不包括进去。

三月的卦，到了春天了，节气是清明、谷雨，大陆的气候，最舒服是清明，真是天朗气爽，和风徐来。另一个是相对的秋分。孔子所以写《春秋》，因为春分和秋分都是均衡的，气候不冷不热，这时以《易经》的地球物理来说，是夬卦，外卦是兑卦，兑为泽，内卦是乾卦，乾为天，泽天夬，这个卦象，表现出地球物理的气象，是我们人类生活息息相关的，阳能快要全部上升了。

到了四月是乾卦了，这是阳能到了极点，实际上每年最难受、最闷热的是四月，跟着来的是五月。这个卦的六爻，阳气开始减少了，每年十二个月如此，每天的十二个时辰也是一样。这在熬夜的人就会知道，我自己亦有这样的体验，到了深夜十二点，子时正的时候，不管自己睡不睡得着，闭起眼睛休息一下，十分钟，二十分钟就行了，过了这个阶段，可以再熬下去，真的要睡觉的时候，是早上四五点的时候，这时候不要去睡，如果睡下去，整天都会头脑昏昏，过了寅、卯这两个时再睡，才能睡得舒坦。人的身体内部生理变化，和《易经》所说的宇宙法则完全一样，懂了这个道理，则养生之道，操之在我。

四月阳能的放射到了极点，到了五月，于是有一个节气夏至来了，所谓冬至一阳生，夏至一阴生，开始回收了。以现代的地球物理来说，地球又开始吸收太阳的放射能进来了，就像人类的呼吸一样，要吸气了。说到人体与地球的关系，曾经有人说，要节制人口，否则粮食不够，我认为节制人口没有用处，将来人口还是愈来愈多，粮食不够，是人类把地球害了。中国老祖宗说过，地球、太阳、月亮，都是“物也”——一个东西，这个东西，人类把它害了。我们中国在汉代就发现了煤矿，可是不准挖，《易经》的道理，地球是挖不得的，现在自然科学进步，挖煤、挖油、挖铀，挖各种矿，到处挖，好像一个苹果，被小孩偷偷用小匙挖来吃了，天天挖下去，表面上看来是完整的，实际上只存了一个壳壳，里面空了，开始烂了，于是虫就生得越多。和地球上的人类一样，越来越多，所以无论用什么方法节制人口，亦没有办法，这是中国道家的看法。

中国人素来认为地球是一个活动生命，也这样来赞美它。美国人近十二年打洞到地心去探勘，中国人几千年前就知道地下是通的。道家的《五岳真形》这部书，大家过去都看不懂，书里边古古怪怪的，东一个洞，西一个洞，洞与洞都是相连的。另外道家说，甘肃的黄陵后面有一个封了的洞，据说这个洞可以通到南京。许多洞都是通的，也有人说地球的呼吸在西北新疆。清朝有一本书指出的，该书的作者曾经实地看过，在塔里木有一个洞，每到清明一定的时间，会像人叹气一样发出声音，并由洞里吹出风来，无论人畜，如果遇上这股气，被化掉了，连影子都找不到。这股气吹出去，吹到西伯利亚等地，经过二十四小时又会回来，就像人吸气一样，吸进去，然后又安然无事了。在沙漠地带，人随水草而居，水是会搬动的，水搬移起来很怪，整个湖，水会像一方豆腐一样，在地上滚动，而所经过的途中，地上还会遗留一些鱼虾之类的水中生物。这是一位青海籍的蒙古族朋友告诉我的，是他亲身所经历、所看见的，姑妄言之，姑妄听之。所谓读万卷书，行万里路。我们人类的知识到底有限，有些事不能不信。我们古代说的“大块噫气”，所谓大块就是“大块假我以文章”的“大块”，即是地球的意思，大块噫气，即地球叹气。所以我们中国道家的观念，始终认为地球是一个活的生命，它本身会呼吸。而人类之于地球，等于跳蚤之于人类，人类看见自己身上的跳蚤就抓了，地球对于我们人类亦很讨厌，在它身上爬来爬去，还弄些十轮大卡车滚来滚去，好像人类生了疥疮一样，除亦除不掉，很难受。所以用《易经》的道理来看地球，乃至这个宇宙、天体和我们人类的生命，同是一个整体，而且生命的法则是一样。

五月是夏至一阴生，一阴生的现象，从人类社会中也可以看见。现在都市中由于冷暖气的影响，较不显著；试到乡下去观察，就可看到土墙房屋的墙壁，在夏至以后便发霉了，表示潮湿来了，阴气来了。人的身体保养要注意，如果吹多电扇，加上吃冰淇淋，没有不生病的，那时生病的人特别多，就是一阴生的关系。

六月是小暑、大暑的节气，所谓三伏天。这时常看到有些人去贴膏药治病，这时是阳气慢慢要退伏了，所以名为“伏”，每十天一伏，三伏有三十天。所以夏天我们体外感到很热，这是身上的阳能向外放射，而身体的内部，还是寒的，所以夏天的消化力反而没有冬天好。以现代医学来说，夏天维他命乙的消耗更多，尤其在台湾为然，试以面粉实验，在台湾的夏天，面粉中的维他命乙挥发得更快，有时候我们觉得精神不够，心里闷闷的，实际上就是维他命乙不够，要注意补充。在某一地方需要些什么，要特别注意，像产妇在台湾要吃麻油鸡，在大陆有的地方要吃红糖、老姜鸡汤。我们小时候到外地读书，老祖母要在我们的书箱里放一把泥土，这是为什么？第一是乡土观念，老祖母希望我们不要忘记了自己是哪里人；第二这把泥土很有功用，在外地生了病，治不好的时候，用这种家乡的泥土泡水喝，病就会好。我自己就有过这样的经历，还是多年前在西康边境，有一次身体很不舒服，自己认为不可能生病，想不出生病的原因，找医生治疗，诊断没有病，后来找到一位老和尚，也是一位名医，他替我把脉以后，亦说我没有病，但是他再进一步问到我是浙江海边的人，诊断是乡土病，建议我找家乡的咸鱼吃。我看过医书，这个说法很有道理，赶快找来吃了以后，果然见效，所以有时候会生这种病，亦不必害怕。

在这个图案上，依十二地支的次序，一个月一个月过去，最后亥月，是农历的十月，在卦上为坤卦，是纯阴的境界，不过十月有一个小阳春，阴极则阳生，这时有几天气候的气温要回升。诸葛亮借东风，就是利用这个气候。曹操当时敢于把战船合并起来，因为他识天文，知道气候的变化，把战船合并起来，唯一的缺点是怕火攻，但自己的水上阵地在长江上游，是西北方的位置，东吴的战船在下游，处于东南，时间正是冬天，吹的是西北风，东吴不能用火攻。诸葛亮、周瑜知道可以用火攻，可是周瑜愁于没有东南风可助，于是诸葛亮借东风。这完全是诸葛亮玩的花样，东风哪里真是他借来的！真正的原因是诸葛亮懂得《易经》，知晓天文，在某一个气候的前三天后三天，会转东南风。他算准了这个日子，所以装模作样借东风，展开攻势，打败了曹操。曹操失败以后，回到洛阳，翻开《易经》一看，不禁哈哈大笑。他的部下感到奇怪，问他这一仗败得如此惨，还有什么可笑的。曹操说我花了那么大的本钱，今日才读懂了这一段《易经》。这就是十月天的气候变化。所以这一个图案，一定要熟记，还有八八六十四卦，也一定要背诵得很熟，将来用起来才方便。

十二辟卦的应用

《易经》八八六十四卦熟记以后，用处很多，其中一个很大的用处，就是自己如果有一天钻进八卦中去，会非常快乐，里面的天地很大，永远玩不完的。上次已经说到十二辟卦，现在开始，每次讲一点学习《易经》必须具备的基本知识。上次的十二辟卦，就是中国过去对于天文的归纳方法，认为宇宙法则，每年四季的现象和变化，这十二个卦，就是每年的十二个月代表的符号，而这十二个符号当中，包含的东西非常多，除了这十二个月以外，要注意到六十四卦的方圆图。

这张圆图的排列方法，已经说过了，六十四卦排列成如此一个圆圈的用途，使中国古代的气象、天象进入到天文的理论上，这个六十四卦，则代表了一年。前面曾经说过，一年有十二个月、二十四个节气，再在节气下面分气候，以五天算作一候，那么一年有七十二候，天象天气，每逢五或六天，则有一个转变的现象，至于充分的准确度，则需要加上卦的数理去计算。在当年科学还没有发达的时候，用《易经》的法则预测气象，非常准确，乃至可以预测到半个月以后，出门时是什么天气，到了某一目的地又是什么样的天气，都可推演出来，当然有时亦和现代的气象预报一样不准，但大部分都很准。

这里的圆图，即是五天一候的排列方式，有几种计算方式，大都是以六天为一卦，六十卦则为三百六十天，而乾、坤、坎、离这四卦，排列在上、下、左、右，不予计算，另外，六十卦所占的时间日数，有的较多，有的较少，这有另一套计算方法，高级的计算法，要并入年份、平闰去算，这是以一年来计算分析的。

以更大的范围，计算国家历史的命运，邵康节（邵雍）算历史的命运，以十二辟卦扩大，把宇宙的产生，到世界的毁灭，用十二辟卦来代表。比如说：“天开于子，地辟于丑，人生于寅。”宇宙的开辟，用子会，于是用十二辟卦中的复卦，这一阶段有一万多年。然后形成了地球，是用丑会，十二辟卦的地泽临卦，如一年中的十二月天气寒冷，这和现代的地球物理学说一样，在那时代，地球因冷而慢慢冻结起来，表面凸出的是高山，凹下的成为海洋，这是丑会。到了有人类存在天地间，已是进入了十二辟卦的泰卦，三阳开泰，为寅会。照我们这种古老的算法，认为宇宙的开辟一共是十二万年，以后又是另外一个人文的局面，用现代的名词来说，又是另外一个冰河时期。以目前来说，我们现在是处在“午”会，这是以尧甲辰年登位那一年作标准而开始计算的。一路分析下来，直到现在，来推算国家历史的命运。依照他这一算法，我们这一代正是处在国家民族倒霉的时候，要到一九八四年国家民族才能转运，照他的说法，转运以后有两百到三百年的好运，比汉朝、唐朝、清朝的气势还要大。将来是否如此，暂不去管它，但依照这一套算法，对于现在以前的历史来说，是算得很对的。市面上流传的《烧饼歌》《推背图》，这一类推算国家命运的书籍，都是根据邵雍的《皇极经世》上那一套来的。这是在中国文化中一套很有系统的东西，把十二辟卦、圆图方图记熟了，知道了它的计算方法，就可以了解。一般人对《皇极经世》这本书推崇得最厉害，但在许多著作上，都搞不清楚它那种算法，认为不可靠，只晓得那个东西，究竟怎样推算？则不知道。其实把《易经》记熟了，然后知道了它的方法，大家都会算，但必须是把十二辟卦和方圆图熟悉了以后才可以，这是提出来要大家特别注意的。

另外继续以前讲的《系传》——孔子研究《易经》的心得报告——《易经》所谓的理、象、数，这里孔子所讲的是“理”的部分，即原理的部分，亦可以说是哲学的部分，所提到十二辟卦、圆图、方图的运用，是象数的部分，以现代名词来说，是科学的部分。

生命的来源

现在继续前次的《系辞》第一章：

乾道成男，坤道成女，乾知大始，坤作成物。

先不要把卦看得太严重，那只是一种符号，以外国新兴的文化来看，亦可称它作数理逻辑，亦可以称为符号逻辑。不过亦不可认为《易经》就是数理逻辑或符号逻辑，这只是西方人新兴起来的一种学问，借用一下这些新名词是可以的，可不要把《易经》的学问拉得这样低。乾、坤两卦这个符号，在过去乾卦是代表男人，坤卦是代表女人，如过去写婚书，男方的八字称“乾造”，女方的八字称“坤造”，就是以乾、坤两卦为代表。这种观念的来源，在没有读过《易经》的人，认为是江湖人物的秘语，实际上中国文化，几千年来都是以这两个卦作代表的。

"乾道成男，坤道成女"这两句话，亦牵涉中国古代医学的生理问题，乾亦代表了阳，坤亦代表了阴，男人就是阳，女人就是阴。"乾知大始，坤作成物"，乾坤两卦，亦代表了宇宙物理的形成，乾卦这个符号代表了本体。

宇宙是怎样开始的？西方宗教说，宇宙是由一位主宰创造的，人类万物都是依这位主宰创造的，但中国文化没有这一套，中国文化只说人命于天，如《中庸》所说："天命之谓性，率性之谓道，修道之谓教。"

人命归之于天，那个"天"并不是宗教观念的天，是形而上的符号，在《易经》上更没有这种神秘的观念。生命有个来源，哲学上称为本体，宗教家称作主宰、神、上帝、佛、道，而《易经》上称之为"乾"，宇宙万物，都是从"乾"的功能发生的，"乾知大始"，一切万有都是从乾而来。坤卦这个符号，是代表这个物质世界形成以后。在物质世界没有形成以前，就是说没有天，没有地，没有男，没有女以前，那是本体——"本体"一词，还是根据西方哲学文化观念翻译而来，而在中国古代文化，则指那个物质世界尚没有形成的阶段是乾，等到有了宇宙万物的这个世界的形成，它的符号是“坤”，“坤作”是说它的功能造作出来，造成了万物。

我们读《系传》，文字很美，虽是古文，一看都认识，但是读书要深思，这里每一句话前后连接包括的内容很多，这是中国古文的简化，可又有简化的好处。尤其是在以前，孔子写《系传》的时候，还没有纸笔，那时一个观念一句话，欲表达出来，不像现在这样可以写很多很多的字，而是用刀在竹片上刻字，多麻烦，所以一个字就代表了一个观念，把这许多字凑拢来，就是后世所称的古文。所谓文，也就是言语思想的凑合。古文，我们现在的人读不懂它，反而指责古文是狗屁，其实其中包括的科学、哲学道理，很多是值得我们注意学习的。

“乾道成男，坤道成女”这两句话，后来发展到道家阐释男性女性时说：男人一身都是阳性，只有一点真阴；而女人一身都是阴性，只有一点真阳。这就是说阳中有阴，阴中有阳。有些年轻同学不信这一套，我告诉他们不能不信。举例来说，一个男人，身材威武，脾气很大，所谓气宇轩昂的人，往往有女性的情感及态度；反之，看来很温柔的女性，而往往心理状态则是男性化。心理学上的这种例子很多，如中国古代重男轻女的话："青竹蛇儿口，黄蜂尾上针，两般皆不毒，最毒妇人心。"好像妇人最坏了。我们接受了新的文化观念以后，指责这类文字重男轻女，但是深一层观察，很有道理。女性的性情本来很温柔，但下了决心的时候，果断的力量比男性大；而男人个性非常激烈的，真到了某一阶段时，反会犹疑不决。女性亦往往比男性聪明，有天然的敏感，所谓直觉。可是这一点，如果站在全面而言，又是男性更为高明，而男性在全面虽高明，在某一点上则糊涂，世界上失败的事情，又往往失败于一个小点上，这是从心理学上看阴中有阳，阳中有阴的道理。"乾道成男，坤道成女"这两句话，在中国医药方面的学理研究起来，问题深得很，亦多得很，可见中国医药之难。如男女的更年期，女子在四十九岁左右，男子在五十六岁左右，有的妇女在更年期生理起变化，个性的表现亦改变，原不喜说话的变得啰嗦，原来爱说话的变得多愁善感、深沉、忧郁，原来保守的变成狂放，夫妇、家庭间出问题的，此一时期比青年人还要多，因为生理、心理起了变化。而在中国几千年前，《易经》上的乾坤两卦，就把这个法则告诉了我们，这也就是十二辟卦的道理，我们可以将它定名为“生命变化的规律”。

现在用十二辟卦说明如下：从人类的生命历程来看，䷀乾卦是自母亲怀孕起，到婴儿生下来，都属于乾卦，为完整的生命。开始变了以后，成为䷫天风姤卦，这是从内卦第一爻开始变起，一阴来了，就人生历程来说，这是女性的十四岁，二七一十四。十四岁在女性生理上会有很明显的变化，但男性是以八为一个单元来计算，是十六岁，这男性十六岁也会有变化，不过不及女性的明显，亦就表明了男性在一点上的不聪明。

中国的一部古书，《黄帝内经》，可称作是

人类的生命学，其中提到女子十四岁时天癸至。所谓“癸”，在天干中曾经说过，“壬癸水”，癸为阴水，天癸就是月经，第一次月经开始，就把后天的生命破坏了，不过现在的情形不同，有的十二岁、十三岁就天癸至，这也是《易经》的道理。人类越到后来，会越早结婚，人也越聪明，但生命也会越短暂。男性在十六岁以前，生命未进入后天，还是完整的，到十六岁以后，男性的乳头会有几天胀痛，这就等于女性的天癸至是一样的。以女性为标准，三七二十一岁，又一阴生长，是䷠天山遁卦，四七二十八岁为䷋天地否卦，这样每七岁为一个阶段，变一个卦，到七七四十九岁以后，这生命换一生命，为更年期，男性则七八五十六岁为更年期。现代的科学，也是这样判定男女的更年期，而在更年期中看病亦特别小心，在更年期注射荷尔蒙会有帮助。我们懂了这个法则，研究医学、生理学、心理学都要注意。年龄的大体分类都是如此，人的年龄到某一阶段，就有某一阶段的生理、心理状态及病态。如今日讲少年问题，是中学阶段，也就是十四岁到二十岁这一阶段。其实并不是现代如此，只是现代社会开放了，容易看得见这些资料，过去亦同样有问题。也是在第一爻开始变的时候，生命的功能已经开始变了。所以做领导人、管理人的人，对于这种生命的法则，应该要了解。有时候在朋友之间可以看到很多例子，多年的朋友到了五六十岁，会变成冤家。我常说这情形，两方面都是病态，都是生了病，也就是生理影响。

再依《易经》的道理和《黄帝内经》的法则看人的生理，从眼睛最容易看得出来。眼要老花，都在四十二三岁开始，所以到了这个年龄，如果起初感到眼睛不舒服、易疲倦，不待变成老花，第一赶快去看眼科医生，第二用中医的道理，培养肾经——中医指的肾，并不只是肾脏而已，中医的道理，左边的肾属阳，右边的肾属阴，左肾功能管生命，右肾功能在泌尿。中医的肾还包括了腺体、荷尔蒙等体系，所以人到了四十二三岁这个阶段，要培养肾这一部门的机能，同时要保护肝脏，否则肝脏出问题，但不一定患肝炎，如脸上某一部分发青、发黑，易动肝火发怒，而发生人事上的大问题。中医诊断，从人的鼻上发红，而可看出胃部发生了问题，甚至可依照《易经》的法则，推断出将在哪一年的什么季节出问题。

现在继续下去，我们看到另一个问题了，《易经》是一个什么样的学问？是我们先民的一种科学，一种符号逻辑，代表了数理的、宇宙生命、个人生命的作用。《易经》的文化为什么拿来讲做人做事的道理？第一个如此做的是周文王，第二个是文王的儿子周公，第三个人是孔子。把这一部分法则拿来讲人生的道理，讲做人做事的道理，我们上面看到的是有关科学部分的，而下面就是儒家的文化，说到人事方面来了。

至简至易

> 乾以易知，坤以简能，易则易知，简则易从；易知则有亲，易从则有功；有亲则可久，有功则可大；可久则贤人之德，可大则贤人之业；易简而天下之理得矣，天下之理得，而成位乎其中矣。

“乾以易知，坤以简能”，只这八个字，如把“以”字拿掉，实际上只六个字，解说起来可麻烦得很，如“易知”的易，到底是《易经》的易，还是容易的易？这句话是说乾卦的功能，亦是宇宙的功能，要怎样去了解它？亦可以说懂了《易经》，就可以了解它。“乾以易知”，第二个解释亦可以说宇宙的功能是很容易懂的。我们认为第二个解释对，因为下面说“坤以简能”，这个“简”字也有两个观念，一个是简单的意思，另一个则是简选的意思，如我们的文官有简任、委任，就是简选的意思。古代皇帝派一个钦差大臣出去，也称简选，就是特别挑选出来的意思，可以说是精选，而在这里的“坤以简能”的“简”，是简单容易，就是说《易经》的法则不要看得太难，而是简单容易的。自古以来，《易经》的学问，总被“神秘”这个观念挡住了，这是错误的，真懂了《易经》，一点都不神秘，最高的道理，也是最平凡的道理，这两句话就是告诉我们《易经》是最平凡的。

“易则易知，简则易从；易知则有亲，易从则有功；有亲则可久，有功则可大；可久则贤人之德，可大则贤人之业。”这几句话的文字，都可以看得懂，不必一字一句解释了。这几句话的文字非常优美，但在研究人文文化上，有一点要注意的是，儒家孔孟的思想，道家老庄的思想，乃至诸子百家的思想，都是从《易经》来的。这里可以看到孔子把这一套思想拿来做人文思想。所以下面他说：“易简而天下之理得矣，天下之理得，而成位乎其中矣。”这是孔子明白告诉我们一个道理，即天地间最高深的道理最平凡，有些事所以会看不懂，认为高深，乃是因为我们的智慧不够。天下之理在哪里？是“成位乎其中”。所谓“成位”，以现代的观念来说，就是“人生的本位”或者“人的生命的价值”，生命的法则，生命的意义，都可以在中间找出来的。

上面是《系辞》上传第一章，接下来是第二章。

设卦而观象

圣人设卦观象，系辞焉而明吉凶。

这里先要注意，什么是“系辞”？我们上古的老祖宗画一个卦，就是图案画，文字的开始，就是这个图案画。这个图案最初构成了《易经》这一套画八卦的法则，每卦下面加上文字的解释，也就是在图案下面，吊上一些文字，来解释这个图案，这种解释就是“系辞”。上古我们的老祖宗画卦，就只是这个图案符号，这个符号究竟是什么意思？加上文字的解释，是周文王、周公，加上孔子他们三个人的努力，构成了我们手中的这一本书，书中所有的文字，都是卦的系辞。在这一段里，“系辞”两字的意义是如此。后来所谓学道的，对于中国文化的观念，一般人都把《易经》八卦看得那么严重，实在不必要。孔子告诉我们不要那么严重，第一个就讲，研究态度要“玩”，为什么呢？“设卦观象”，每一卦的代表，都是假设的，它是一种符号逻辑，如果把它呆定下来就糟了。譬如说，把乾卦一定看作是天，那又不一定了，在人体上，乾卦又是头，坤卦又代表腹部，巽卦是鼻子，坎卦代表耳朵，离卦代表眼睛，艮卦代表背部，震卦代表心，兑卦是肺，等等，都是符号。古代的医书，都用卦来作代表。我们看到古代的医书说到震，这又代表了心脏，亦包括了思想，这是道家的代号。在《易经》中，卦对人体的代号又各有所不同，这就是设卦的道理。研究《易经》，要注意“设卦观象”四个字，大家欲懂得未来的发展，所谓未卜先知，未来的世界，明年的国家大事如何，自己在心里卜一卦看看，设它一卦，观它的现象。“观象”有两层意思，一是看卦的现象，一是看眼前所见事实的现象，来和卦象配合，因此加上文字的解释，而明白事物的好坏。

刚柔相推，而生变化。

这里要注意，《易经》的道理，并不如想象的那么多。它讲人事的法则，只有吉、凶两个结果，不是好，就是坏，没有中间的；不是进步，就是退步，没有停留在中间的。人的身体，不是健康好一点，就是衰老一点。为什么只有吉凶？因为人生的物理，只是阴阳的变化，物理支配的东西刚柔相推，物质社会受物质支配而生出了各种现象，形成各种环境。

一动不如一静

现在回过头来说用在卜卦算命上，亦有一个哲学的原理先要了解，这就是《系传》二章所说的，现在我们继续讲《系辞》上传第二章：

> 是故，吉凶者，失得之象也；悔吝者，忧虞之象也；变化者，进退之象也；刚柔者，昼夜之象也。

这就是哲学问题了，这是说人类文化，我们人类认为的吉凶，好的或坏的，以哲学来说，没有绝对的，而是根据人类本身利害的需要；我们得到，便觉得是吉，失去便觉得凶，但这并非绝对。譬如说得病，这个得就不是吉，而且人生得意不一定是好事，有时失意也不一定是坏事。所以对于古文，不要仅在文字表面上读过去，而要知道在文字的深处包涵了很大的哲学思想。可见吉凶只是根据个人的观念而来，而悔吝就是忧烦愁虑之象，虞即虑。前面说过，卜卦的结果，不外“吉凶悔吝”四个字，没有六个字，换句话说只有两个字——一个是好，一个是坏——或吉或凶，悔吝只是加上去的。因为“悔吝”两个字，是忧虑。在《易经》中一方面是小心，如卜到一个卦是悔吝，就是有烦恼，事情办不通，有困难。所以人生的一切，看《易经》只有四个角度，吉凶悔吝。这吉凶悔吝怎么来的？下传有两句话：“吉凶悔吝者，生乎动者也。”

人生的一切，任何一件事，一动就有好有坏。再说任何一动，坏的成分四之三种，好的成分只四之一种，所以中国人的老话，一动不如一静。凡事一动，吉的成分只有四分之一，坏的成分有四分之三，不过这三分当中，两分是烦恼、险阻、艰难，如此而已。这把宇宙的道理、人生的道理、事业的道理都说清了，所以儒家就知道慎于动。动就是革命，变更一个东西，变革，譬如创业，譬如新造，这个动不是不可以，但需要智慧，需要作慎重的考虑。所以学了《易经》的人不卜卦，因为大概的道理都知道了。“善于易者不卜”，用不着卜了，看现象就明明白白了。

千变万化　非进则退

变化者，进退之象也。刚柔者，昼夜之象也。

这是两个观念，古时的文字很简单也很美，它的文学境界，往往骗住了我们的思想。这两句话包含的意义很多。“变化”，《易经》告诉我们宇宙间任何事情、任何物理，随时随地都在变化，没有不变的东西。八八六十四个卦，只是两种爻——阴与阳在变，每一变动产生一个卦象，每个现象就不同了。变化是代表什么？“进退之象也”。“进退”，或者是阳多了一个，阳长阴退了，或者是阴多了一个，阴长阳退了，就在这个进退之间产生变化。为什么不用“多少”而用“进退”呢？我们研究古书就要注意这一类地方，这是思想问题，假使用“多少”意义就不同了，没有“进退”深刻。“进退”是大原则，是动态，尤其是站在人文文化的立场看，都是一进一退之间的现象，所以变化是进退的现象，非进则退。在哲学课程中，常常谈到一个问题，就是一般人常说“时代在进步”或“历史在进步”，但纯粹以哲学的立场来讨论，就不敢这样说了，究竟这个时代是不是在进步？不知道。以东方文化，以人文文化来讲，以古今的书籍、大家的著作思想作比较，就觉得人文在堕落、在腐化。所以我们中国人动辄称道上古如何，认为越到后来，人越堕落、越腐化，历史并没有进步而是在退化。但单以物质文明来说，时代真的又在进步，所以说时代历史到底是在进步或退步，这是很难讲、很难推定的问题。所以进退之间，要看在哪一个范围，用哪一个标准，站在哪一个角度上说话。学了《易经》，就要知道卦的错综复杂，站在哪一卦哪一爻说话，这是一个观念。

生死、昼夜、刚柔

第二个观念："刚柔者，昼夜之象也。"以前曾说到《易经》的动静刚柔，动静是《易经》在物理世界的法则，而刚柔则是物质世界的法则，不过这里的刚柔，是代表白天和夜里的。讲到这里，可以知道中国思想之伟大，孔子在后面《系传》中亦说："通乎昼夜之道而知。"这是中国文化特殊的地方。我们知道世界的宗教，基督教也好，天主教也好，佛教也好，伊斯兰教也好，都是追求人生——宇宙间生与死的问题，而在我们中国的儒家、道家素来不把这个问题当作问题，这都是根据《易经》来的。《易经》认为生死不是问题，我们如果在这句话上加两个字："通乎昼夜之道而知生死。"就是说明，人活着的时候，像白天一样，像太阳出来了的时候、天亮了的时候；人死了，就是休息了，像太阳下山一样，天黑了。不过有一点，他们却承认生命的延续，等于印度佛教的轮回之说。人活了一辈子，终于死了，但并不是生命的结束，只是休息一个阶段，等于天黑了，明天又要天亮一样，一个白天，一个夜晚而已。因此我们中国人讲生死问题，禹王的思想："生者寄也，死者归也。"后来形成道家的思想，人活着是个人，是在这里作客人，活了一百年，也只是在这皮包骨的血肉之躯中寄放了一百年，等到死了就回去了，可是西方的宗教把生死问题看得很严重。纯粹的中国文化，根据《易经》认为不是一个问题，根本不去考虑它。了解了生死昼夜，只是在刚柔之间而已。

天地之变尽于六

六爻之动，三极之道也。

六爻是重卦的六爻，为什么是六爻，曾经报告过，我们的老祖宗，不知道哪来这么高的智慧，几千年前就知道了宇宙间的任何变动，没有超过六个阶段的，这是以现代的科学文明作的解释，就卦的六爻解释，便要特别注意这个“动”字。宇宙间的事物随时在动，尽管在睡觉的时候，打坐的时候，也照样在动在变，因为血液还在流动，下意识还是在活动，有动就必然有变。“六爻之动，三极之道也”，三极为天、地、人，三极亦有阴阳，天有阴阳，地有阴阳，人亦有阴阳。为什么要用六爻？孔子的解释，“三极之道也”这个“道”，不是修道之道，是“法则”的意思。所以八卦要有六爻，是天、地、人三极阴阳变化的法则。下面我们就可以看出来这个观念，《易》中的卦象，大原则是从象数来的，是科学的。可是一到周文王，尤其到了孔子写的心得报告中，才把《易经》的道理拉到人文哲学上来，后来就成为儒家思想的根源，而形成中国文化的正统，就如这里上面所说的是科学，尤其天文方面的大原则，后面又讲到人文思想上去了。

居之安

是故君子所居而安者，易之序也；所乐而玩者，爻之辞也。

这就说到人生哲学了，我们学《易经》为了解自己，了解人生，所以一个君子所处的日常生活，君子的人生，能够得到安心的，亦即佛教禅宗常说到的安心。人心得安是很难的，世界上几乎没有一个人安心过。谁心安了？谁满足了？这是不可能的，真安心，不必要求什么，已经满足了，可见这是很难的。安心不易，安身亦难，安生活更难，实际上这些都是心的作用。孔子说：如果真懂了《易经》，平常所居而安得了心，只要看《易经》变化的次序就够了。为什么？因为它有一定的次序，可以看到卦的变，而且依照《易经》的法则，宇宙万物万事随时在变。但不是乱变，也没有办法乱变，是循一定的次序在变，所以懂了《易经》，人生一切的变故来了，都可以真的安贫乐道度光阴。人生万物有一个不变的东西，就是这个“必变的道理”，有如气象局的报时台，现在报的下午三时二十五分，下一句就是二十五分十秒，这是一定要变的。人类自己反省，有一件最愚蠢的事，希望自己一辈子不变，最好长生不老，永远年轻，可是这绝不可能。懂了《易经》，就知道变有一个秩序，有一个一定的原则，因此我们做事业也好，做别的也好，第一知道自己怎么改，第二知道变到什么程度了，所以用不着去卜卦，把《易经》变化的程序搞通了，大法则就通了。但是变的当中，一变就有动，一动就有变，那么动与变的结果，有好有坏，有吉有凶。关于吉凶，我们已经知道，是根据人为的观念而来，人为的利害得失而来，但得失的究竟如何？“所乐而玩者，爻之辞也。”把文王所著的这本《周易》，每个卦下面所讲的道理——卦辞，懂了以后，透彻了它的道理，就快乐了。

动的哲学

> 是故君子居则观其象而玩其辞，动则观其变而玩其占。

懂了《易经》后，“观其象”不是观象来研究《易经》。这个象，是我们的生活，我们的生命，我们自己个人、身体、家庭、国家、世界天下的关系。这一大现象就是一本《易经》，随着八卦的法则在变。平常处在这大环境中，观其象，对这大现象变动的前因后果都知道了，再看文王《周易》中所研究的内容，但并不是说文王怎么说，我们就相信，而是要“玩其辞”，通过他的思想创出自己的思想。于是姓王的也可著一本“王易”，姓李的也可著一本“李易”。

人生是一定要动的，“动则观其变而玩其占”，我们自己有时候动了，要观察动所产生变化的现象，而玩其占，事实上占、卜、筮是三件事。古代用骨头卜卦，把骨头用火烧后，看上面所烧裂的纹路定吉凶，这是卜，各种卜的方法很多。占是用数理来推定结果。筮是《周易》以后的卜卦方法，用一定数字的筮草来卜，以现代来说，庙里的抽签，看签诗，这是近于筮，这些都属于神秘学的范围、精神学的范围、心灵学的范围，有它的道理。如历史上的风角之术，演变为梅花易数，也属于占卜一类。梅花易数，假托是邵康节发明的，据说，对求占卜的姓名和出生年月日时，都可以算得出来，这些都是相当神秘的占卜之学。

自助、人助、天助

是以自天佑之，吉无不利。

这是中国文化与西方文化不同的地方，中国文化根本没有迷信（这不是指宗教而言），所以中国人只说人助天助，凡事要靠自己。“自天佑之”这两句话就是说，懂了《易经》这些道理，上天就会保佑你。上天怎么个保佑法？就需要你自己照《易经》的道理去做而不违反，你的修养要到达这个境界，就可以天人合一了。再严格说，这个“天”并不是另外一种力量，只是自己的心，懂了《易经》的道理，以此道理做事处人，动静都看准了，一定是万事顺绥、大吉大利，有好无坏，这就要看自己的学问修养如何了，所以《易经》是经典中的经典，智慧中的智慧，举凡科学的、哲学的、宗教的……一切都涵盖了。

以上是第二章，下面继续第三章。

象者，言乎象者也。爻者，言乎变者也。

读这本《周易》，有三项要注意。外国人，尤其日本人研究《易经》，专门拿动物来搞，龙呀！马呀！象呀！在这些上面绕圈子。彖也是一种兽，据说能够吃铁，把铁咬断。《易经》每卦下面有一个“彖曰”，就是“断语”的意思。这里是说“彖辞”是用来解说现象的。换句话说，“彖辞”是根据某一现象下的定论。至于“爻辞”，每爻下面有一个解释，为“爻辞”，整个卦下面的解释为“卦辞”。爻辞是讲变化的道理，卦辞是讲卦德与卦情。

善补过

吉凶者，言乎其失得也。悔吝者，言乎其小疵也。无咎者，善补过也。

在将来研究《易经》的内容时，看到卦的后面有的是吉，有的是凶，有的是悔吝，有的是无咎，这是爻辞常用的话。吉凶悔吝，已经谈过了。无咎，翻成白话就是“没有毛病”，但并不等于“好”，而是在进退之间要注意。换言之，“无咎”是没有大错误，好的。从这里可以看到《易经》的哲学，一个人到了平安无事的时候，这情形又怎样？孔子说“善补过也”，要特别小心，人不会没有错，随时有错，善于反省自己的错误，加以改正，就是真正地到了无咎的时候，因此我们做事业要尽量的谦虚，倘自认绝对没有毛病，这是靠不住的，天下事没有这么好的。“善补过也”，就是好好的，懂得小心谨慎反省与改正错误，这是最高的哲学。

《易经》人生哲学的五大原则

以上的道理都懂了，我们再进行下面的部分：

> 是故列贵贱者存乎位，齐小大者存乎卦，辨吉凶者存乎辞，忧悔吝者存乎介，震无咎者存乎悔。

这五点是卜卦时用的，也包括了人生哲学的大原则。“列贵贱者存乎位”，高贵与下贱，用现代语来说，即有无价值。存乎“位”的问题，“位”以现代语解释就是空间。人生亦如此，到了某一个位置就“贵”，没有到某一位置就“贱”。所以卜卦时哪一卦是好，哪一卦是坏？是没有一定的。甲卦，就某一事，某一空间地区，某一时间而言，是了不起的好卦，如果换了一个地区，情形就大不相同了。我们到庙里去看神像，就有很大的感想，亦可以懂得这个道理。

一堆泥巴，或一块石头，一根木头，雕成菩萨像，成了“象”，然后在大庙里一摆，人人都去跪拜。它为什么那么贵？“存乎位”，在那个位置就贵了，很多事情都是如此，人也是如此。所以研究《易经》，卜卦，当知卦的本身没有好坏，好坏只是两个因素，时间对、位置对就好。等于算命一样，有的人八字好，贵命，可是一辈子没有遇到好运，不遇“时”，贵不起来，好像一件东西，的确是好东西，有价值，可是放在那里几十年都卖不出去，又有什么办法？有的人学问很好，可是一辈子不出名。

反过来说，如大家称颂的胡适之先生，不知道他的学问到底好在哪里？说他哲学史好吗？写了半部还不到，写不下去，碰到佛学的问题，只好搁笔。其他如研究《红楼梦》《聊斋志异》，“红学”“妖学”，有什么用？可是将来中国文化史上胡适之先生一定有名。看历史尤其如此，历代以来，有多少和诸葛亮一样有学问的人！如果没有像《三国演义》这样的小说，能够出名吗？孙悟空根本就没这样一个人，可是被小说一写，就如此走运。天下的事，对于名与利，把这个哲理一看通，就觉得没有什么，就淡泊了，非其时也就能居而安之，心安理得。中国人的古语“福至心灵”很有道理。一个人到了某一位置——福气来了，头脑真是灵光，特别聪明。

“齐小大者存乎卦”，齐就是平等。乾、坤、坎、离四个卦是大卦，其余六十卦都是大卦变出来的，那是小卦。卦就是现象，也就是大的现象、小的现象。现象有大小，一个人的成功失败也有大小，有如发财，甲发得多，乙发得少，虽有大小，但立脚点是平等的，不管大小卦都是卦，都是一个现象。庄子的书中有《齐物论》，何以名“齐物”？万物不能齐，没有平的。人的智慧、学问、体能都是不平等的。即使有两人体能一样，其中一人生病了，另一人为了平等亦生病吗？物是不能齐的，但是庄子提出来有一项是齐的——本体的平等。如太空是平等的，太空中万物的现象是不平等的。所以庄子有一句话很妙，他说“吹万不同”。孔子研究《易经》讲究“玩”，庄子讲究“吹”，吹万即万有，他以风来比方，他说大风吹起来，碰到各种的阻力发出各种不同的声音，意思是说，风吹来是平等地吹，而万象遇到风以后，自己发出的声音不同。

“辨吉凶者存乎辞”，什么是吉凶悔吝？“存乎辞”，看文字的记载。换句话说，这文字代表人的思想，吉凶悔吝在于各人的观念，各人的看法。“忧悔吝者存乎介”，这是说卜到悔吝卦的时候，忧虞到悔吝，就要独立而不移，下定决心，绝对要站得稳，端端正正，人到了倒霉的时候，自己能站得正，行得正，一切现象都可以改变。“震无咎者存乎悔”，无咎就是善补过也。人生没有绝对自己不错的，只要知道忏悔，忏悔的结果就是要补过。

> 是故卦有小大，辞有险易，辞也者，各指其所之。

这里这个“之”字要注意，将来研究《易经》有关的书籍时，常常会看到“卦之”这个名词，“之”就是“到”，卦到了那里就是“卦之”。譬如乾卦，如果初九爻变了以后，成了姤卦，这就是乾卦的“卦之”。曾有人看不懂“卦之”而改成“之卦”，如乾卦卦之，改成乾之卦，这就不对了。

万事通

前面《系传》已讲到第三章，这里继续讲第四章，这一章很重要。

易与天地准，故能弥纶天地之道。

这一个观念就很严重，他说《易经》的文化思想这一套学问，是宇宙的大原则。至于标准，是宇宙的什么标准？则没有讲。我们晓得在中国社会里，最准确就是整个天文现象的变化。在《尚书》中，尧、舜、禹换代的时候，都讲这个东西，但是有个毛病，发展下来到汉朝，就更厉害了，叫作“谶纬之学”，或叫作“图谶之学”，就是预言。用五运推算出来，某个时代要变了，所谓以火德王，以水德王，等等。每个朝代制服都要改变，如现在的白衣是孝服，在夏朝的时候是尚白，白衣服就是礼服，殷商的时候尚黑，礼服是黑色，尚黑就是以水代表。时代到某一个时候一定要变，近代对这种推测就叫做预言。现在世界上又到处都流行预言，我们中国历代的命运都有预言，这些就是所谓的谶纬之学——图谶之学。图谶在中国文化中的影响非常之大，不但古代如此，将来可能也是一样，这些都是说到“易与天地准”这句话而引出来的。中国过去在科学上，以天文法则看天象的演变，就是天上的气候，宇宙气象的演变有一套法则之外，我们的文化，也还没有找出孔子所说“易与天地准”的道理。所以我们推崇《易经》，也不要推得那么高，可是照这个书上讲，推得非常高，说《易》“故能弥纶天地之道”。“弥纶”两个字，照文字讲，弥就是弓拉满了，圆满得成为一个圆圈，可包含一切；纶就是丝纶，丝织品横的丝直的丝编得满满的，现在的观念就是包括。等于说，《易经》的学问包括天地之道。宇宙里任何法则，人事物理，一切事一切理的原则，没有超过《易经》的范围。

三大问题

> 仰以观于天文，俯以察于地理，是故知幽明之故。原始反终，故知死生之说。精气为物，游魂为变，是故知鬼神之情状。

这一节里有：一、知幽明之故，二、知死生之说，三、知鬼神之情状等三个重大问题。

第一个问题，也就是我们人类几千年来所追求的文化，幽明之构成，幽是看不见的一面，是阴面；人能看得见的，是光明面，是阳面。换言之，我们人类世界一切活动看得见。但人是哪里来的，有没有上帝、鬼、神？有没有宇宙的主宰？这些看不见的一面没有摸到，这是幽明的道理。后来我们中国文化发展到幽，就是代表阴间，死了到阴间去了，反正是看不见的，宇宙间很多看不见的事情，对于看不见的一面，要读《易经》才知道。

第二个问题，生从哪里来？死往哪里去？究竟人的生命以及万物的生命，原始从哪里来？死又死到哪里去了？这是人类文化到现在还没有解决的问题。

第三个问题，有没有鬼神？这个问题很严重，所以现在全世界有一些人疯狂地研究灵魂学。目前是这三个大问题还没有解决，未来的发展有待我们注意。

《易经》文化的起源，不是盲目的想象，是科学的，“仰以观于天文”，也是孔子说的画八卦，由观察天文现象，不晓得经过多少万亿年，大家累积观察及研究的经验。“俯以察于地理”，看地文之理，地球的物理。如现在科学家认为地心有人类，神秘飞碟即来自地心。现代科学界的思想，的确承认另外有一个有生命的世界的存在，而且大家还在找寻这另一世界，这就是《易经》上的“地理”，不是学校课本中的地理，亦不是我们古老的看风水的那个堪舆术的地理，而是地文之学，是科学。这就是说我们中国老祖宗的《易经》文化思想，不是乱来的，是科学的，所以知道了看得见的一面，亦知道了看不见的一面，看不见的一面现在要检查，根据《易经》的原则不需要检查了，就知道幽明的原因，这个原则是什么？在这里没有讲给我们听，孔子自己懂。这是第一个问题。

第二，“原始反终，故知死生之说。”这个问题在理论上比较容易些。我们知道，生死是一个大问题，《论语》上提到过，《庄子》亦说：“死生亦大矣。”人类的问题，生与死是一个大问题。人为什么生？生了为什么活着？为什么衰老？为什么一定死？人类是很可怜的，人生下来，读书求学，学问到了最高处，根据现代医学的研究，人的脑力、思想的功能，最发达的时候在五六十岁，真正成熟，可是成熟了也完了，像苹果一样，落地了，这也是《易经》“终”的法则：“原始反终。”对于生死问题，人类有一个共同的目的——离苦得乐。不但人类，凡是世界上的生物，都是希望脱离痛苦而得到快乐。但是人类同一切生命得到快乐没有？没有得到，因为生了一定有死，这个问题没有解决，在宗教文化里，把生死问题当成一个宗教。研究宗教哲学，每个宗教都承认死后还有生命，不过每个宗教都在为观光旅馆拉人。耶稣开的观光旅馆叫“天堂”，请人到天堂里来，招待周到，一切设备完全，价廉物美。佛教开了一个“西方极乐世界”，不过佛教本钱大，开的家数多，下地狱有地藏王菩萨在等着；既不上天亦不下地狱的，再生又有救苦救难观世音菩萨；万一向东方去，又有东方药师如来；他四面八方都准备好了，这个生意做得特别大。但不管如何，生死还是问题。而我们的文化，《论语》里记载子路曾经问起过，孔子答复得很简单：“不知生，焉知死。”所以人类的文化到今天不管发达到如何程度，生死问题仍没有解决。

中国人也有个结论，所谓“生者寄也”，活在世界上，像住旅馆一样，活一百岁，不过暂住一百年，没有什么可怕，活到最后一天，真正地退休了，移交都不必办，人生就是这么一个现象。这个现象在中国来讲，就是“原始反终”，生命来了像早晨一样都起来了；死了像到晚上，都休息了，如同他的开始，回去了又是回到那个地方，所以死没有什么可怕。“故知死生之说”，死生的道理就是这样。以《易》来说，乾，我们生下来就同乾卦一样，一爻代表十年，六十年作阶段，六爻一变，成为坤卦，坤再变又是阳爻开始，阳极阴生，阴极又阳生，那么死了又有什么可怕？在学理来讲，对于生死问题，我们中国的文化最伟大了，不必要宗教的那一套。

这是讲生死的现象，下面一个问题来了，有没有鬼神、灵魂的存在？这不是物质的，不是唯心亦不是唯物。外国人现在对灵魂的研究有一个名称叫“超电磁波”，超越了现代物理科学的范围，原子、电子、核子都不能了解它的，这就叫灵魂。在我们是认为有的，但它是“精气为物”，心物一元的。什么是精？什么是气？如何构成物质方面的东西？“游魂为变”，物质以外，我们的身体是物，宇宙中这个物理世界都是物。可是唯物学家，共产哲学思想，认为世界一切唯物，还有另一半，他只认出了一面，没有搞清楚，他们把精神，亦向唯物方面拉。西方哲学中有认为一切都是唯心的，亦只认了一半。“一切唯心造”拿不出证据，科学讲证据，可是“精气为物”讲物质的道理，“游魂为变”讲精神的道理，这几句话又产生一个大问题了。这里承认有鬼神，这个鬼神是心物一元的功能残余力量所形成，所以晓得鬼与神，鬼是鬼，神是神，以道德为标准分为两种。何以知道鬼神的现象？孔子提出证明，鬼与神都有，可是我们的这位老老师，他只告诉我们原则，《易经》有那么大的学问，包罗万象，至于怎么样有鬼神，他没有讲。他大概来不及写稿子了，还是要我们自己去摸。

这里说的精与气是什么？道家就偏重这方面，所以我常说，只有中国的道家有这个本事。研究世界文化，都只教大家死了不要怕，到一个观光旅馆——天堂、极乐世界去住。只有中国人想出这个办法，可以活几千年，就是神仙，就是这个生命可以活着修到长生不死。不管有没有人曾经做到，但查查世界文化，没有一个国家的文化，敢于狂妄地叫出这个口号来，只有我们中华民族敢于这样叫，人可以修到长生不死。而不是盲目地叫，所根据的道理，是我们这个生命，肉体的存在，靠有精、气、神三样东西，即所谓的长生不死之药。这不是一般的药物，道家所谓："上药三品，神与气精。"是《黄庭经》中的话，欲想却病延年，无病无痛，达到长生不老，便需要服药，这药不靠外来，是自己身上本有的——精、气、神。

什么是神？譬如我们说"某人眼神很好"，眼神是一个抽象名词，是描述不出来的，现代医学不承认的，所谓"元神"他们说是鬼话，只说体力很好，说是"力"。但科学家的说法也有问题，"力"又是什么呢？是电子或原子？但是大家一听科学名词，就被唬住了。其实科学名词最后还是站不住脚，答不出来。精也是答不出来的，普通以女性的卵子，男性的精虫当作精。这里所说的精，是又抽象又具体的，以现代的话来说，勉强地比方，精等于能，生命的能。譬如人在跌倒时，就原来跌倒的姿势在地上稍停一下，一点都不要动，静一下以后慢慢起来，不会受伤，因为稍稍静一下，生命的本能就恢复了，便不会受伤，否则本能没有恢复，用力挣扎起来便会受伤。还有跌倒时，用两手撑地，亦容易受伤，因为跌下去的力量那么重，欲想把它撑回来，正反两种力量，一相撞击，这时就会受伤，听其自然躺下去，反不易受伤，这就是身体生命本能的作用。

至于“气”，比方是电，过去气字写作“炁”。道家称之为无火是气，火代表阳，无火之炁，精与气是一阴一阳，具体为阴，无体为阳，阴阳结合成物。那么我们这个身体以外的生命能，只好借别家的学问来解释，就是佛家对人的身体叫作正报。这个物质世界，如山河大地，乃至房屋桌椅等物质，名为依报，附属的意思。这方面学问，佛家精到得很，依报又分为动、植、矿等，以现代科学名词说即声、光、电、化等，是有生而无命的。如佛家的吃素是无荤，连大蒜、葱等刺激性的，产生荷尔蒙使性欲容易冲动的都是荤，都不吃。不吃肉是不杀生。佛学告诉我们，现代科学也证明，一切植物乃至泥土，是有生而无命。命是有灵性、有感情、有思想、有感觉。生命是生与命两个东西的结合，“精气为物”是生不是命，这个离开了身体，就是死亡，而离了身体以后，就是游魂，是神。人活着这东西叫作神，叫做灵魂，人死了这东西叫作游魂，变成鬼，所以有鬼有神。

“精气为物”，鬼是物质的转化，物理的转变产生了东西，那个功能是鬼，如果灵魂的成分多，物质的成分少，则是神。体能健壮的人脑子思想一定比较差，而爱思想、智慧高的人，身体一定多病，由于心物两方面不能平衡之故。孔子所讲的还是大原则。他所讲的《易经》包含有那么多东西，所以我们摸了半天《易经》，不要说通神，连鬼都通不了。

上面讲了《易经》的学问，归纳出来，大概的三个重点，实际上如作详细的分类还不止这三个重点，总结一句话，就是“弥纶天地之道”，包括了宇宙间一切事物的大原理。

目　录

乐天知命

与天地相似，故不违。

下来这一个小段说《易经》这个法则与天地相似，天地就是宇宙、太阳、月亮的运行，有一个固定的法则，不能变，春、夏、秋、冬、白昼、夜晚、南极、北极，一切变化的法则，都是固定的。而《易经》学问的原则亦相似，真理的准确同宇宙的法则一样的固定，所以人类提出来的任何学问，都不能违反《易经》所提出来的法则，超不出《易经》的范围，不管人类任何学问，人类如何伟大。比如人类今日到达了月球，亦只到达了月球，并没有超出宇宙，月球、太阳都在宇宙的范围之内，而《易经》的学问，就有宇宙这样伟大，所以没有办法违背。

知周乎万物而道济天下，故不过。

这里说了，为什么我们要懂得《易经》这

个学问？因为懂了以后，才能“知周万物”。知即智——智慧充满了，对万事万物的大原理无有不懂，然后“道济天下”，做人也好，做事也好，做官也好，随便做哪一行职业，都可以达到救世救人的目的，因此不会有错误，在《论语》上看到孔子的感叹，他在四十九、五十岁的时候，才开始读《易经》，而说“假我数年，五十以学易，可以无大过矣！”假如上天多给我活长久一点去学《易经》，就不会有大错误。故以他的立场来说，人生的修养必须要学《易经》，才能智慧周乎万物，不致发生错误，亦和无违的道理一样，如果欲济世救人，就要很大的学问，大学问的原则，就在《易经》，懂了《易经》才能济世救人，因为任何学问，没有超过《易经》的。

旁行而不流，乐天知命，故不忧。

旁行是什么？研究易数时说过，就是旁通，也是错综复杂的“错卦”，如乾卦的三爻动了，就会成天泽履卦，等于大家坐在这里，只要其中任何一个人动了，都会影响每一个人互相之间的关系，这就是旁通，也是旁行。宇宙万事万物，不能永恒不变的，有纵的关系，还有横的关系，但旁行不流，流是散的意思，它是有规律的，不会散开，能旁行不流，对人生的生命非常清楚。乐天知命，知道自己，亦知道天命，永远是乐观的人生。我曾告诉佛教界的人，一切宗教都是悲观的，尤其佛家的大慈大悲是讲悲的，只有中国儒家讲乐，像《论语》上几乎没有悲字，都是乐。有一本明朝的笔记，曾经统计过《论语》上都是乐字，而不谈悲，这也是中国文化不同的地方，谈生命只谈生的这一头，不谈死的那一头。人多半是悲观的，本来生命是很可怜的，以另一个角度看是很令人悲观，但以《易经》的角度看生命，是乐天知命，很乐观的，没有忧愁，所以人欲达到真正的乐观，只有从观念中懂了《易经》的法则。

安土敦仁

安土敦乎仁，故能爱。

先解释“安土”。一般而言，中国自大禹治水以后，步入农业社会，所以过去在历史上经常看到“安土重迁”四个字，对于家乡都很喜欢，重视迁移，不肯搬动播迁，这是中国文化安土重迁的思想。假如有一个儿孙要迁住到另外一个地方，则是一件很严重的事情。今日社会的观念恰恰相反，以不安土，以流动为好，这就是交通、经济发达的现象。如以现代的观念看安土，则是旧文化，没有进步。另一个观念看安土，以五行来解释，土者中央也，土是中心，人要有中心思想，这在文字来解释是很通，但太生硬了。又有一说，地球有一个中心地点，有中心的立场，然后人生的修养走仁道，以仁修养，才能爱人、爱物，如果没有中心，而说能爱人、爱物，这是做不到的。

范围天地之化而不过，曲成万物而不遗，通乎昼夜之道而知，故神无方而易无体。

“范围天地之化而不过”，这是一个观念；“曲成万物而不遗”，这又是一个观念；“通乎昼夜之道而知”，又是一个观念；“故神无方而易无体”，这是一个大结论了，很重要的，研究易学要知道这是正统的孔子思想，也是《易经》正统的道理。

化　生

“范围天地之化而不过”，“范围”的意义和弥纶差不多。中国文化非常重视文字艺术，一个呆板的观念，在文字上艺术化，用同义字，以不同的文字艺术来表达。这里范围比弥纶在形态上小一点，弥纶的含意深远得多。这句话是说《易经》的学问包括了天地宇宙的“化”，中国文化认为天地宇宙一切万有都是“化”成的，生命是由变化而来，所以中国道家的名词“造化”，后来变成运气不好为造化不好。实际上“造化”的“造”，如宗教家说的主宰。“化”，宇宙间的生命没有不变化的，所以我们中国人把生死看得很平淡。人死了叫作“物化”，生死并没有什么了不起，只是物理自己的变化。有生自然有衰老，有衰老自然有死亡，死亡以后再来，物化而已。

《易经》的道理，循环往复，在佛教为轮回，在文学上的描述为“羽化而登仙”，等于化成飞鸟。如我们古籍中的沙鹿，古书上说是海边的鲨鱼化的，现代的自然科学对这事不承认。我相信现代科学，亦喜爱我国古代的文化，像道家谭峭著的《化书》，就是这样说的。比如香菇，他说是化生的，树烂了种子下去，另外出一个生命，是化生，细菌培养的是化生，万物都是细菌化生，但把化生这个名词翻过来说成生化，大家相信了，认为是科学。这个“化”字包括了很多意义，包括了现代化学、物理的各种科学，所以孔子说《易经》包含了天地宇宙万物的变化，都逃不过《易经》的原则，什么学问都包括进去了。

曲则全

“曲成万物而不遗”，注意这个“曲”字，是非常妙的。老子有一句话“曲则全”，有人说读了《老子》，会变成谋略家、阴谋家，很厉害。因为老子告诉我们不要走直路，走弯路才能全，处理事情转个弯就成功了。如小孩玩火，直接责骂干涉，小孩跑了，但用方法转一个弯，拿一个玩具给他，便不玩火了，这是曲则全。老子这个“曲”字的原则，即是从《易经》这里来的，孔子亦发现这个道理，因为研究《易经》就知道宇宙的法则没有直线的，现代科学亦证明，到了太空的轨道也是打圆圈的，所以万物的成长，都是走曲线的，人懂了这个道理，就知道人生太直了没有办法，要转个弯才成。现在讲美亦讲求曲线，万事万物，都没有离开这个原则。

怎么睡着的　怎么醒来的

“通乎昼夜之道而知”，昼夜就是阴阳，明白了白天黑夜的道理，就知道了《易经》的大学问，真研究起来，昼夜的道理就难懂了。我常问学禅打坐的人，活了五六十岁，知不知道自己是怎么睡着的？又是怎么醒来的？的确不会知道，如果答复得出来，这个人懂了道。又如禅宗讲的“本来面目”，从来没有人自己看到，镜中照出来的，也是反面的，不是本来的，尽管学问多么好，如何看见自己面孔这个问题解决不了。为何失眠？中国的医理说由于心肾不交，心脏血液的循环不正常，肾——肾气，人体腰下包括肾脏及荷尔蒙系统，不相通就失眠，相交就睡着了。现代医学又说氧气不够就打哈欠，足了就醒来，但都不能解释这个问题。如何睡着或醒来还是不知道，所以昼夜的问题还是一个大问题。再看生物世界，夜间活动的生物很多，活动得亦更厉害，尤其到了山野间就会知道这一现象。有许许多多的禽、兽、昆虫，从未见过的生物，在夜间开始活动了，它们的生命，不要白光，喜欢黑光，从这一点看，可见昼夜问题非常大。要把这些道理都懂了，才会知道阴阳的功能，才是学《易经》入门了，所以要好学，才能渊博，要深思，不深思便成书呆子了。

神无方　易无体

“故神无方而易无体”，这个神不是宗教的神，是中国文化的神。我们的原始文化中，生命的主宰、宇宙的主宰没有宗教性的观念，对天人合一的那个东西叫作神，西方哲学称作宇宙万物的“本体”，也是功能。神无方的方，古文亦称“方所”，就是方位，无方就是没有位置，无所在，亦无所不在。“神无方”就是宇宙生命主宰的功能无所在，亦无所不在，同《易经》变化法则一样，周流六虚，并不在某一点上，研究《易经》最重要的是在此。基本上如乾卦“一爻初动”，这动从哪里来？答案是“神无方”。“易无体”，所谓本体，是个抽象名词，是无体之体，无为之为；所谓“道”，也是一个抽象的代名词，没有固定的，不拘的，不固定不拘，就是宇宙的法则。试看宇宙的东西，变化无穷，气象的预测常常不准，因为“神无方而易无体”，气象突变的地方拿不准。那么我们研究《易经》的学问，如果说《易经》一定是讲某一范围的，那就犯了逻辑的错误，因为这里明白告诉了我们“神无方而易无体”。《易经》的学问是变化无穷，说《易经》是艺术亦可以，是科学亦可以，是哲学亦可以，因为“易无体”，不呆板，任何一个名称都可以，但是“神无方而易无体”这两句话，也是中国宗教哲学的顶点。我们如果研究西方文化，希腊的哲学思想，西方的宗教哲学思想，把西方的东西都研究完了，回过头来再看自己，就发现自己老祖宗的文化最伟大。这两句话从人类文化史的发展来看，我们提出来最早。《系辞》我们暂时谈到这里，接下来我们看《易经》的第一卦——乾卦。

元、亨、利、贞的乾元

䷀是三画卦乾的重卦，分内外两卦，也就是上下两卦，上卦为外卦，下卦为内卦，乾卦的重卦，是乾下乾上，就是说下卦是乾卦，上卦也是乾卦。这一卦究竟代表了什么？我们且不作答案，先看这本《周易》。《周易》一书，据说是周文王对六十四卦的注解，就是周文王被关在羑里的时候，用他的智慧沉思，来作《易经》的注解。这一部著作，后世称作《周易》，等于说这是他研究《易经》的心得报告。我们不妨以一种平淡的观念来看，不必太神圣了。如以神圣的态度来看，问题就多了，我们以平淡的态度看，文王对乾卦的研究心得是“元、亨、利、贞”四个字。在《易经》的学问上，这四个字叫作“卦辞”，意思是乾卦这一卦的图案，用这四个字来说明。这四个字，我们不能照现在的读法，一句就把它读完，而是每一个字都有它独立的意义。“乾，元、亨、利、贞”就是说乾卦是元的、亨的、利的、贞的，四个现象。“元”可以说是宇宙的本能，亦可以说是万物的开始，如启元（起源），一个东西的来元（来源）等很多。讲到哲学方面则乾是宇宙的本体，天地万有都可以说是乾、是元，宇宙间万象万有都是它的功能创造的，所以叫作元。这是中国文化的特点，既不讲上帝，亦不说菩萨，不是唯物，亦不是唯心，只是宇宙的本能，我们用一个乾卦的代号来表示，是科学的，不是宗教的，亦不是纯粹的思想哲学。第二个观念，是这个乾卦代表“亨”。亨就是通，是亨通的，无往不利，到处通达的，没有阻碍的。第三个意义是利，无往而不利。所谓利，不是现在赚钱为利的利，是没有相反，没有妨碍，没有害的。“贞”古代的解释“贞者正也”，“贞”就是正，也是完整的，没有受破坏的意思。

上面是文王对乾卦作的卦辞。

潜龙勿用

初九，潜龙勿用。

这是爻辞，是把整个的卦作分析，一部分一部分来加以解释的。我们的老祖宗画八卦，下面原来没有文字注解，因为在当时没有文字，而文字的创造，一开始就是卦。世界任何国家民族的文字，最初的来源都是图案。卦下面的文字，是后世加上去的，《周易》的文字，是文王开始加的，卦辞、爻辞都是他对卦的解释。

“初九”的意思，前面说过，阳卦以九作代表，因为阳数以九数到了最高位，所以看到九这个数字，就知道代表阳，初九就是指乾卦的第一爻而言。上面的卦辞，只是元、亨、利、贞四个字，很简单，也很抽象。这里爻辞“初九，潜龙勿用”，又突然跑出一个“龙”来了，这龙是怎么来的？我们先要了解，中国文化是龙的文化。自黄帝时候开始，政治制度上分官，以龙为官名，如龙师等，都以龙为代表。龙是中国文化最伟大的标记，是我们几千年来的旗帜。中国文化对那些伟大的、吉祥的、令人崇拜的万象，每以龙为标记。西方人尤其英国人，近几百年以来，很多资料显示对我们中国人很多防范，很多不利，他们在心理上一直惧怕中国，有一派基督教，看见龙、听见龙都会害怕的。他们说《圣经》上说龙是魔鬼，其次他们把恐龙这些古代巨大生物，当作了中国《易经》上的龙，这些观念都是错误的。我们中国人自己要认识清楚，我们龙的文化，第一，不是基督教《圣经》上所讲的那个龙，不是魔鬼。我们的龙是天人敬信，在宗教观念上代表了上帝。第二，我们中国的龙，老实说没有人看见过，不必说他们把地下挖起来的骨头当作龙骨，是错误的。中国的龙，不止是三栖的，甚至不止是四栖，水里能游，陆地能走，空中能飞，龙的变化大时可充塞宇宙，小时如发丝一样看不见，有时变成人，有时变成仙。龙到底是什么？无法有固定的具体形象。实际上中国文化的龙，就是八个字：“变化无常，隐现不测。”如学会了中国文化，人人都可做诸葛亮。试看外国人的恐龙，全部都可看到，中国的画家画龙，如果全部画出来，不管是什么名家画的，都一文不值。“神龙见首不见尾”，龙从来没有给人见过全身的，这就是“变化无常，隐现不测”的意思。我们懂了龙的精神，才知道自己文化的精神在哪里，这也是大政治家的大原则，也是哲学的大原则，也是文化的大原则。另一方面，我们懂了“变化无常，隐现不测”八个字，也就懂了《易经》的整个原理。《易经》告诉我们，天下的万事万物，随时随地在变，没有不变的东西，没有不变的人，没有不变的事。因为我们对自己都没有把握，下一秒钟我们自己的思想是什么，亦没有把握知道。

其次，《易经》为什么在这里提到龙？我们认识了龙的精神，就能明白了。《易经》说到乾卦中的龙，就代表了宇宙生命原始最伟大的功能。乾卦亦代表太阳。太阳一天一夜的隐现，分为六个阶段，第一个是夜里的太阳，躺在下面——地球的另一面，过去说在海底，在地心的那一面，我们看不见的为“潜龙”，假使卜卦得到了乾卦初爻，那么“潜龙勿用”，最好不要动，如想找事，履历表都不必送出去了。但要注意这个“勿”字，究竟是“不能用”“不可用”“不应用”或“没有用”呢？就更难翻成白话了。不过“勿”字，却也包括了这些意思，但并不是说用的价值不存在，只是此时不要去用它。潜龙就是龙还是潜伏着的，有无比的功能，无比的价值，还没有用。诸葛亮尚在南阳高卧的时候，自称卧龙先生，这就表示他抱负不凡，自己认为是潜龙，这也是人生的修养，也是《论语》上孔子说的“不试故艺”。

见龙在田

九二，见龙在田，利见大人。

九二爻，是乾卦内卦的中爻，中爻是最好的、最重要的。九二爻“见龙在田，利见大人”，如仅照文字翻白话是无法表达原意的。“见龙在田”，见是现的意思。龙现在田里，等于虎落平阳被犬欺了，还如何利见大人？这先要了解“田”的意思，中国文字与西方文字不同，不但是单音字，而且一字往往含有几种不同的意义。中国古代的田写作⊕，是图案画，上面通了为由，下面通了为甲，上下通了为申，申字旁边加示，上天垂示就是神，神是上下通的，所以鬼字亦从田，上面走不了，向下面走就为鬼，后来再加两根头发，就成鬼的样子。电、雷都从田，天上下水，地下发雷，雷向下走为电。这是中国字结构的由来，每字都有道理，不像ABCD硬凑拢来的。从上面的解说，我们便知这里的田字是代表地面，就是大地，不要以现代的观念，认为田只是种稻子的田，那就错了。“见龙在田”的卦象，是早晨太阳刚刚从地面升上来，光明透出来了，在这个时候“利见大人”。如卜到这个卦，卜卦的说，如去见董事长或什么长官长辈谋事之类，一定成功。

大人并不是很大的人物，在古代大人、小人是相对的名称，一如“贵人”这个名称，并不一定是很大的贵官。假使有人跌了一跤，刚好有一位清道夫看见，将他扶起送到医院，这位清道夫就是跌跤者的贵人。贵人的贵与不贵，是在时间空间上刚刚需要帮助的时候，予以帮助的就是贵人。

终日乾乾

九三，君子终日乾乾，夕惕若，厉无咎。

第三爻是内卦的上爻，如果只用三画卦，已经到了顶点。如果学会了《易经》，不必卜卦，六十四卦，没有卦是完全好或完全坏的，每个卦都好中有坏，坏中有好，只有谦卦这一个卦是全好的。谦退，谦让，有利益大家拿，自己都不要，这当然好，六爻皆吉，这是宇宙的道理，人生的道理。现在乾卦第三爻，问题来了，以人生历程来说，年轻人还在大学里读书，还没有拿到博士学位的阶段，就是初九爻潜龙勿用，价值无比。等拿到了文凭，踏入社会中，就是九二爻，见龙在田，利见大人，拿文凭找到了工作。然后有工作，有地位了，有声望了，就是第三爻。以人生的年龄而言，十几岁到二十岁是初爻，二十岁到三十岁是二爻，三十岁以上到了中年是三爻，这时应该是“君子终日乾乾，夕惕若，厉无咎”的时候。

我们先作一些文字的解释，乾卦我们已经解释了，是纲常，是宇宙的开始，就像人生的本分一样。“君子终日乾乾”，就是说人一天到晚都要保持本分，保持常态，永远这样，不但如此，到了晚上，还要警惕自己，不可放松，就像白天一样的小心。就是说到了中年做事得意的时候，做人做事随时随地都要小心，乃至到了晚年都不能放松。《大学》《中庸》的思想，都是从这里来的。这就是所谓的“惕若”。“厉”，是精神的贯注与专精，磨磨自己，就没有毛病。像这样的卦好不好，假使到街上卜卦，算命先生会说很好，不过要小心，因为命运还有重重危机，一不小心随时随地会有问题，对自己要有那么严格的要求，才不会出毛病。一切在于自己，不在于别人，亦不在于环境。人在得意时，就怕忘形，这时就用得着这个爻辞了。

或跃在渊

九四，或跃在渊，无咎。

到了第四爻，很妙。从整个卦看起来，内外两卦分得很清楚，成为两节，这表示一条龙或一尾鱼在深水里跳出来，无咎，没有毛病，要出头了。但要注意“或跃在渊”的“或”字，这一爻真好，操诸在我。譬如一个人，事业到了顶点，如再进一步，或者跳一步，或者不跳，都是好的。九四是外卦的初爻卦，与内卦的初爻相应，都有无比的价值。

飞龙在天

九五，飞龙在天，利见大人。

一般人称皇帝为“九五之尊”，以为就是《易经》上的这个“九五”。这话要注意，代表皇帝的九五之尊，是依据数中的阳数来做表达的符号，奇数为阳，九是到了阳数的极点最高位，五是阳数的最中位，代表了至中至正，九五之尊意义在此。《易经》乾卦九五爻也非常好，和第四爻不同，九五爻的飞龙在天，像一条龙在空中飞，遨游自在，也是利见大人。整个《易经》研究完了，利见大人的卦爻并不多的，这里利见的是什么大人？假定我们以汉高祖为比方，当他打败了项羽，自己创业的时候，正是飞龙在天了，他还要利见大人，这个大人是谁？是指他所遇到的都是好人，都是对他有帮助的人。看汉高祖的一生，正是一个乾卦，最初倒霉当一个亭长，一天到晚喝喝酒，正是潜龙勿用，后来到了“飞龙在天，利见大人”的时候，他所遇见的人个个都是好人，个个都有用处，个个说他好，都帮助他。

亢龙有悔

上九，亢龙有悔。

每个卦到了最后一爻，阳爻称为“上九”，阴爻称为“上六”，每卦的第一爻为“初”，最后第六爻为“上”。乾的九五，在外卦而言是中爻，人取其中则是，事物取其中则是，到了顶点则不是，没有出头也不是，所以《易经》告诉我们正中之位。算命看走运不走运，就看是不是得其时，得其中，如得其中位，无往而不是，不得其中则处处都不是。这个中亦可读成“仲”的音，如打靶打中了，对了。到了上九就是“亢龙有悔”，亢者高也，高到极点，“贵而无位，高而无民”。中国的哲学，皇帝自称“孤家”“寡人”，位置到了最高处，就很寂寞，听到的都是好话，简直听烦了，年纪大了的人谈起话来也常常说：“现在能谈话的人已经没有几个了！”我说这是“亢龙有悔”呀！所以人的年龄到了那个高位，到处叫他老公公，到处请他上座，这就到了亢龙有悔。这里的悔不是后悔的悔，是晦气的晦，到这个时候倒霉了。换句话说，就是万事不要做绝了，做到了顶，对不住，有悔，保证有痛苦，烦恼跟着来了。看历史上唐玄宗多么好，后来让位给他儿子，就遭到了很惨的局面。

见群龙无首——吉

用九，见群龙无首，吉。

注意“用九”这两个字，《易经》中只在乾卦中有“用九”，坤卦中有“用六”，其他卦中，都没有这两个字出现，这中间就有问题了。我们知道九是代表阳爻，从初九到上九，都有解释，用九又是什么意思？再看下面“见群龙无首，吉”，乾卦到这里，才大吉大利。这是怎么说法呢？这句话在后人研究《易经》的有关书籍里，各有各的讲法，都各有一套理论、一套说辞。可是研究通了以后，非常简单，我现在告诉大家一句话，用九就是不被九所用，而是你能够用九。那么用九是用哪一爻的九呢？哪一爻都不是，又哪一爻都有关系，这就高明了。只有拿中国文化历史来代表说明这件事情，就是我在以前讲《论语》的时候，说过中国文化注重道家的隐士们。因为历代的隐士们，和当时历史时代的开创有绝对的关系，可是在历史的记载上都找不到他们。如三国时代的诸葛亮，是谁培养出来的呢？是他的老丈人黄承彦和老师庞德公这些隐士。像他们就是用九，改变了历史的时代，而自己又不受环境的影响，所以要用九。“见群龙无首”，不从哪里开始，永远没有开始，也永远没有一个结束，既不上台，当然也不会有下台。用九最高明，用九者不被九所用。换句话说就是告诉了我们做事的道理，以现代话来说，就是做事要绝对的客观，不是与时代没有关系，而是处处有关系，这是真正领导历史时代的做法。“群龙无首”，是一个圆圈，完整的，所以大吉大利。以做人来说，人到无求品自高。曾子亦说求于人者畏于人。越是有求于人家就越怕人家，无求就是用九的道理，用九是元亨利贞，并不是潜龙勿用，潜龙勿用有待价而沽的意思存在，用九则已经忘我了。以现代话来讲，用九是中国文化最高的哲学精神。有人说儒家是捧帝王的政治哲学，这是不对的，儒家、道家的思想，都是从《易经》来的。把今日的西方文化拉过来讲，真正的民主，就是群龙无首，大吉大利，天下太平，人人都天下为公了。

《彖辞》——孔子对《易经》的批判

“彖曰”，彖辞，曾经介绍过彖是一种动物，据说这种动物能将铁咬断，所以才借用了这个名词。彖辞就是断语的意思，断定的话。据说《彖辞》也是孔子作的，以现代观念看，《彖辞》是孔子研究《易经》六十四卦的结论、批判。传统的说法是，《卦辞》《爻辞》都是文王作的，一说《卦辞》是周文王作的，《爻辞》是文王的儿子周公作的，但考据上很难决定究竟是谁作的。

现在说到《彖辞》。

宇宙万物的创造者

大哉乾元，万物资始，乃统天。

孔子研究的断语，他的人文文化观念开始了。我们以前说过，乾卦所代表的，如以身体来说是代表头，中医的八卦代表，乾为首，坤为腹，艮为背，离为眼，坎为耳，巽为鼻，兑为口，等等，非常有道理。孔子的断语不管这些，他只说伟大得很，乾卦是代表宇宙万有的根源、功能，生命的功能，宇宙万有都是它创造的。前面提到过，与西方文化不同，西方文化是说宇宙万有是有一个上帝、一个神、一个主宰所创造的。中国文化不来这一套，但亦不是唯物的，亦非唯心的，这个功能无以名之，我们就画一个符号来表示，这符号叫作乾，它包括了唯心、唯物，亦包括了上帝、鬼神、菩萨、佛，已经脱离了宗教的色彩，脱离了玄学的色彩，是科学的哲学。何以知道孔子研究《易经》，是说乾卦代表宇宙万物的本体？他在这里明白地说“万物资始”，宇宙万物的开始都靠乾的功能，这是对乾卦的第一个观念；他的第二个观念“乃统天”，乾卦包括了天体，整个的宇宙都在乾的范围以内，乾统率了天地宇宙，所以从孔子的观念研究《易经》，又要注意到他认为文王周公所提出来的乾卦，是代表宇宙万有的本体、根源、生命的来源。

云行雨施，品物流形。

就是说我们这个宇宙，像风的吹动，风为什么会吹？每天的气象报告是科学，但西伯利亚的寒流为什么会起来？台风又怎样起来？台风最初起来的时候，只看到一个小水泡在旋转，渐渐扩大，这是物理，但这小水泡又怎么来的？用《易经》研究这些，就是科学的哲学。现在孔子说，云的流行，雨的下降，雷鸣，电掣，宇宙万物的变化，都是靠乾卦的功能来的，功能一动，便有一现象，就发生云，某一现象就发生雨，构成各品各类的万有的事物。

玉皇大帝的六条龙马

大明终始，六位时成，时乘六龙以御天。

这是说明时间的来源，时间在科学哲学上是人为的，时间是相对的，没有绝对的。西方现代科学在爱因斯坦的相对论发现以后，才知道宇宙的时间是相对的，而中国的儒家、道家、佛家早就告诉了我们时间是相对的，不是绝对的。道家老早就说，月球的一天一夜，就是地球上的一个月，现在科学证明的确是这样，不过现代外国人讲的我们就相信了，而我们祖先讲得那么肯定，却不相信。“大明终始”，就是讲时间，大明从早上开始，晚上结束。“六位时成”，我们中国人过去把白天分作六个阶段，晚上亦分作六个阶段，成为十二个时辰。一个时辰，等于现在的两点钟，所以成为六位，而这个六位是根据《易经》画卦为六爻的思想来的，是人为的、相对的，不是绝对的。也许太阳和其他星球的时间划分，和我们不一样，但中国六位时间的形成，是以乾卦的功能来的。“时乘六龙以御天”，以龙来代表时间的动，像一条龙一样在空中飞，因为龙是看不见的，但又有飞的功能，时间从早晨天明到晚间天黑的六个阶段，永远在旋转，像六条龙衔接起来，在天体上很有规律地驾御而过。后来在文学上、宗教的神话中说，玉皇大帝出巡时，有六条龙为他拉车子，也是由这句话编出来的，事实上这句话是说，宇宙间时间的构成，与地球、与人类的关系，有一定的法则，这一功能是来自乾卦。

大吉大利的保合太和

> 乾道变化，各正性命，保合太和，乃利贞。

这里明白地告诉我们生命的本源，儒家的思想，道家的思想，诸子百家，中国文化讲人生的修养，都从这里出来。这里告诉我们要认清乾的道理，生命的本体，把握了这点就知道乾道的变化，在各正性命，真懂了这个道理，自己就可以修道了，修成长生不老。中国文化中道家讲究两个东西——“性”与“命”，性就是精神的生命，命就是肉体的生命。西方哲学唯心的，只了解到性的作用，对性的本体还没有了解，把意识思想当作性，这是西方哲学的错误。至于命，西方医学到了科学境界，但仍不懂“气”的功能。现在美国流行研究针灸、研究中医，仍不懂这个功能。西方的病理学，注重在细菌方面，如今亦研究到病毒，这还是以唯物思想作基础。东方中国的病理学，不管细菌不细菌，建筑在抽象的“气”上面，因为气衰了，所以才形成了病。西方的抗生素，往往把气困住了。我常常告诉朋友，西医只能紧急时救命，不能治病，西医治了以后再去找著名的中医处一个方子，好好把气培养起来，补补身体。在病理上，细菌是哪里来的？为什么形成？有许多细菌并不是从身体外面来的，如白木耳是用菌种的，但有更多木头上面自己生长灵芝一类，这菌又是哪里来的？这是讲性与命的道理。懂了《易经》，自己就晓得修养，自己调整性与命，使它就正位。思想用得太过了，妨碍了性，身体太过劳动，就妨碍了命，这两个要中和起来，所以各正性命，于是“保合太和”。中国人道家佛家打坐，就是这四个字，亦即是“持盈保泰”。所谓“持盈”，有如一杯水刚刚满了，就保持这个刚满的水平线，不加亦不减，加一滴则溢出来了，减一滴则不足。所谓“保泰”，当最舒泰的时候要保和了。譬如用钱，决定保存一百元，如用去十元，便立即补上，仍保存一百元，这就是保泰。所以打坐的原理就是保合太和，把心身两方面放平静，永远是祥和，摆正常，像天平一样，不要一边高一边低，政治的原理，人生的原理，都是如此。孔子就告诉我们，“乾道变化，各正性命，保合太和，乃利贞。”什么是大吉大利？要保合太和啊！

所以研究《易经》，看了孔子这些话，还卜什么卦呢？不卜已经知道了，保合太和，才利贞——大吉大利嘛。

首出庶物，万国咸宁。

这两句话，应该是和上面连起来的，是乾卦《彖辞》的最后两句话，可是宋儒把它圈断了。这八个字是用到政治哲学的原理上去了，各种政治理论说了半天，不如中国人四个字——“国泰民安”，国家太平，老百姓个个平安无事，就是天下太平。

天行与天道——《象辞》的说法

“象曰”，这是《象辞》，象就是现象。据说《象辞》是周公作的，不是孔子作的。又有一说，《象辞》也是孔子作的。到底是谁作的？这是考据家的事情，我们不去管，亦不需要去管，我们要的是它的精神。

天行健，君子以自强不息。

这句话大家太熟了，这又是人文思想。乾卦代表天，行是运动的意思，这是教我们效法乾卦。道家老子也说：“人法地，地法天，天法道，道法自然。”人的修养如效法大地一样，大地给我们住，给我们生长万物，供给我们食，我们一切都靠土地，人类没有土地就完蛋了；但是我们还给土地的是粪便垃圾，可是土地并不计较，照旧生长出东西来供我们食、用、享受，所以人的胸襟要效法地。而地是靠什么能够这样？

靠宇宙，靠天，而天则只有付出，没有收回去，像太阳一样，只放射出来，并未从地上吸收什么。而宇宙却是效法道，道是什么？是自然的，没得什么效法了。总之是教我们做人的精神，应效法自然的法则，只有付出，没有收回。这是老子所讲的“道”的精神，也就是《易经》上的“天行健”。天体不断在动，永远在动，天体假如有一秒钟不动，不必要用原子弹，整个的宇宙都要毁灭掉了。第二句话“君子以自强不息”，正如老子所说的意思一样，做人要效法宇宙的精神，自强不息。一切靠自己的努力，要自强，依靠别人没有用，一切要自己不断努力，假使有一秒钟不求进步，已经是落后了。

上面《象辞》的第一句话，是解释卦辞的，接下来下面的话则是解释爻辞的。

潜龙勿用，阳在下也。

前面说的，以太阳来比喻，过去的观念，不像现代物理世界的科学，过去的阳是抽象的，乾卦六爻的第一爻现象，是阳能压制在下面，没有上来，所以潜龙勿用，拿太阳作比，是还在地心

通，就是说人到了这个阶段，就要“造”这个境界。

亢龙有悔，盈不可久也。

这个“亢龙有悔”的爻辞这里解释说，凡事不可求满，满了以后不会长久，所以一切事情要留点遗憾、留点缺陷，并没有错，如果这一点缺陷都弥补完了，亦就完蛋了，所以盈不可久也。中国政治的原则是“忧患兴邦”，一个国家遇到艰难，往往是兴起的时代，是好的开始，一路旺盛。像欧洲的罗马、我国的唐代，任何事情到了鼎盛的时候就要小心走下坡了。

用九，天德不可为首也。

老子就是这个思想，用九就是天道，人法地，地法天，天法道，道法自然，大地生长万物给我们，没有要求拿回什么，利息都不要，只有布施，所以用九的道理，在效法天地之德，不要自己创造什么，而且也创造不了。看历史，一部《二十四史》，谁作过结论？宇宙就是这样，没有结论的，天德不可为首，亦没有开始，人类历史也是这个道理，永远在演变中。

《易经》的《彖辞》、爻辞、《象辞》，都是以天地法则的观念，拉到人事上来讲，就是《周易》的精神，也是中国文化精神的开始。至于它的应用，则不在《周易》上，而散置于外，保留在道家的《连山易》《归藏易》中。

《文言》——人文的思想体系

现在象数方面暂讲到这里为止，再继续讲易理。前面说过了乾卦的卦辞、爻辞、《彖辞》和《象辞》，有三个不同点：第一是乾卦构成了文化思想的卦辞和爻辞的观念；第二是《彖辞》，是对乾卦卦辞和爻辞的解释，由这一段解释看出来，孔子把《易经》原来科学的东西变成人文文化的哲学思想；第三，《象辞》也是把科学的东西变成人文文化的哲学思想，但是连带以天文太阳系统的现象作为象征，以星象来说明道理。可见代表中国文化的《易经》文化，在上古起码经过五百年一变。这五百年当中，对《易经》这套思想法则的演变，可见每一时代思想，每一法则都在演变，没有办法固定停留。古人的演变还比现代少，现代的演变更大，过去三百年当中，出了五十万部书，现在是三年当中出五十万部书，这不能说对文化思想没有影响，也就说明文化思想在演变。

现在看到的是《文言》，据说是孔子作的，这是孔子研究《易经》“乾”“坤”两卦的心得报告，不是小孩子念书“白话”“文言”的文言。这里所谓的“文言”，是现代所谓的“思想体系”，变成文字，谓之文言。在晋朝以前，《文言》并不放在乾卦的内容之中，而是放在《系辞》当中，是晋代王弼将《文言》放在乾卦中，以下我们开始研究《文言》的本文。

尽善尽美的人生

> 元者，善之长也。亨者，嘉之会也。利者，义之和也。贞者，事之干也。

这是白话文，很简单，我们都看得清楚，这是孔子研究《易经》以后，对于文王所作乾卦的卦辞“元、亨、利、贞”四个字的引申和解释。至于周文王当时所作乾卦卦辞的意义，究竟是科学的还是哲学的，后人不知道。前面我们说过，《象辞》属于科学的，《彖辞》则偏重于人文思想。《象辞》和《彖辞》是同一时代产生或作于两个不同的时代？也是问题。现在孔子在《文言》中对“元、亨、利、贞”四个字的解释，完全纳入人文思想的范围中，对于宇宙物理科学方面都不管，这也就是儒家思想的开始。孔子对于“元”字，强调的是“善”，善的思想，善的行为，一切好的一面的成长，才够得上所谓元。元是代表万物的开始，好的一面的开始，才叫作“元”。亨则是好的集合，嘉是良好的意思，很多良好的因素集合起来，成为好的集合，才够为亨。利则是要达到和，“和”在现代的观念是和平，怎样才能和平？人与人之间、人与物之间能相和吗？要恰到好处地相和，最适宜的和，才能得到真正的利。假使我有利，你没有利，乃至损害到你，而你得了利，一定会损害到他，这种有损另外一人的利，并不是利的目的，亦不是利的定义，这里的利，是两利，彼此间都有利，才够得上利。至于贞，则是一件事物的中心，一些团体中有干事这个职务名称，就是从这里来的，桢干，中心就是贞。

君子体仁足以长人，嘉会足以合礼，利物足以和义，贞固足以干事。君子行此四德者，故曰乾，元、亨、利、贞。

这里再度引申一下，发挥上面的四点，这也就是儒家思想，孔子讲的人文文化教育的目的。一个人受了教育以后，要具备元、亨、利、贞四个字，才够得上作为一个人，亦即要养成“体仁足以长人”。自己的胸襟，内在爱人，才能够领导别人。“嘉会足以合礼”，一切的嘉会，人与人之间相处得很好，才能合礼。礼即是中国文化《礼记》中所标榜的社会，亦即是今日我们所标榜的康和利乐的社会，才能实现。“利物足以和义”，儒家思想中有“济人利物”的话，“物”字不只是指动物、植物、矿物，在古代的“物”包罗很广，等于现代语“这个东西”的“东西”，是一个抽象名词。“利物足以和义”的利物，意思是我们人类应该利物、用物，而不被物所用。现代西方来的文化，人都被物所左右了。“贞固足以干事”，养成内在坚贞，意志坚定，然后可以做事。“君子行此四德者，故曰：乾，元、亨、利、贞。”这是孔子的结论。

孔子研究乾卦，到这里完全拉到人文思想这方面来了，启发了后来唐宋之后一般儒家研究《易经》的路线，没有走往象数方面去，没有向科学方面走了。

下面的解释也是在人文文化方面，但有所不同，我们亦可以由此认识儒家、认识孔孟思想。

特立独行——没没无闻的潜龙

> 初九曰“潜龙勿用”，何谓也？子曰：龙德而隐者也，不易乎世，不成乎名，遁世无闷，不见是而无闷，乐则行之，忧则违之，确乎其不可拔，潜龙也。

初九爻的爻辞说“潜龙勿用”是说的什么呢？前面已经有了两个解释，现在孔子解释，龙的精神是看不到的，不会完全给人看见的。一个人如道家老子说的功成名遂身退，帮忙了人家，人家还不知是谁帮了忙，就是“龙德而隐”的道理。一个人做到社会外界环境尽管变，自己不易乎世，不受外界变的影响，自己有坚定独特的思想，也不要求在外面社会上成名（孔子、老子、庄子都走这条路线），不成乎名。当这个世界不能有为的时候，自己隐退了，不求表现，亦不求人知，没没无闻，而不烦闷，真的快活、乐观，不让忧烦到心中来，更重要的是这种精神能坚定不移，“确乎其不可拔”，毫不动摇，这就是初九爻的潜龙。现在经过孔子这一解释，“潜龙勿用”的勿字下定义了，这勿字是表示原来有无比的价值，并不是不能用，亦非不可用，而是自我的不去用。孔子的一生，是做到了“潜龙勿用”的精神。

领导者的修养与风范

> 九二曰“见龙在田，利见大人”，何谓也？子曰：龙德而正中者也，庸言之信，庸行之谨，闲邪存其诚，善世而不伐，德博而化。易曰：见龙在田，利见大人，君德也。

孔子对九二爻的解释，是讲一个领导人的风格德性（不只是最高的领导人，一个小单位的主管乃至一个家长，都是领导人），有如龙的德性，是至中至正。人要达到至中至正，先要养成胸襟的伟大。以西方哲学而言，要绝对客观，平常的话都要实信，平常的行为都要小心，要防止自己产生不正确的思想和歪曲的观念，要随时存心诚恳，对于世界有了贡献，乃至挽救了时代社会，自己并不骄傲，并不表功，不认为自己了不起，有很厚的道德，又能普遍地感化别人，这是九二爻爻辞的意思，这是领导人的修养标准。这里孔子把九二爻的爻辞完全解释成人文思想的修养，要做一个领导人，便要中正、存诚、信言、谨行，功在天下也不傲慢，能够普爱天下人，这就是九二爻的意思。

知至至之　知终终之

九三曰“君子终日乾乾，夕惕若，厉无咎”，何谓也？子曰：君子进德修业，忠信，所以进德也，修辞立其诚，所以居业也。知至至之，可与几也。知终终之，可与存义也。是故居上位而不骄，在下位而不忧，故乾乾因其时而惕，虽危无咎矣。

这里孔子解释乾卦第三爻的爻辞，可作为每个人做人做事做学问的标准。进德的意义，这要注意，看到秦汉以上的书中的德字、道字，不要拿后世“道德”的观念连起来用。这里的“德”字，虽然有后世道德的观念，但在五经中“道德”两字连在一起的很少，古书中的德字是指行为，多半是代表“成果”。进德就是说求进步，修业则包括了学问、技能。孔子研究第三爻的结果，认为是指一个人欲如何进德修业，都要这样战战兢兢的小心。他并解释，“忠信，所以进德也。”什么是“进德”？在孔子人文文化的思想中，人的修养，要做到“忠信”这两点。所谓“忠”，就是前面所说的“闲邪存其诚”。古代的“忠”字，不要用唐以后一定要杀了头，才算忠臣的“忠”字观念来注解。古代对于“忠”字的解释，是对人对事没有不尽心的为忠。言而有信，信自己、信别人为信，这是进德。至于修业，要“修辞立其诚，所以居业者也”。后世将文章写好称作修辞，文学院有“修辞学”的课程，研究怎样把文章写得美，古人称推敲。《易经》中的修辞，假如也是这个意思，那么好了，古人教人修业，只要把文章写得美就行了，当然绝对不是如此。《易经》上的修辞所含的意义，包括了言语、文字和行为，要和辞章一样。古代“辞章”的观念，并不是限于白纸黑字的文字著作，而包括了待人、处世、做事乃至于都市建筑的设计，都是修辞。所以“修辞立其诚”，就是说言谈举止方面，做人要诚恳，这是居业的条件，无论做任何事业，做官下面，天尚是黑的，不要强出头来。

见龙在田，德施普也。

这又拉到人文文化上来，就是说二爻的象，等于一个人的道德行为，给予人家的利益作普遍的发展。

终日乾乾，反复，道也。

第三爻的解释，反复，道也。这是《易经》告诉我们因果的道理，怎样过去就怎样回来，像地球物理一样，从太空中就看到，一件东西出去，经一个圆圈又回来了原位。终日乾乾，就是教我们得意了、上了台要特别小心，因为反复，有得意就有失意，有上台就有下台，有好处就有坏处，一反一复，“道也”，是自然的法则，必然的，逃不了的，你以为整了人，可是一定有你的吃亏处。

或跃在渊，进无咎也。

四爻的爻辞是告诉我们，可以再进一步，没有毛病。

飞龙在天，大人造也。

“造”念“组早”反切的音，意义与操相

也好，做工程师也好，乃至当清道夫也好，讲话要得体，风格很够，本位站得住，这就是修业，这是孔子对“进德修业”的解释。

这还不算，下面他继续发挥：“知至至之，可与几也，知终终之，可与存义也。是故居上位而不骄，在下位而不忧，故乾乾因其时而惕，虽危无咎矣。”这可难了，这也是精义所在。这里是说，人最高的智慧要做到对自己、对人、对事，知道机会到了，要把握机会，应该做的就做。看历史就知道，中国历史上有三个人变法，第一个是战国时的商鞅变法，第二个是汉代的王莽变法，第三个是宋代的王安石变法。秦以前原来是公田制度，商鞅变法，一变而为私有财产制，结果商鞅自己弄到被五马分尸，但是他的办法好不好呢？好得很，自商鞅变法，秦汉以后因为私有财产制，产生了最古老的资本主义思想，社会繁荣富足。到了汉代，王莽又要变法，把私有财产制变为公有财产制，失败了。到了宋朝王安石，亦想走这条路子，最后又失败了，但王安石的所谓新法到底好不好呢？后世评论他是了不起的大政治家，但他不能“知至至之”，那个时代的趋势还没有到，他虽有高度的思想，高度的办法，可是没有用处，所以要“知至至之”，时机到了便做，则刚刚好，就可与几也。什么是“几”？就是知机，未卜先知，就是知这个几。等于看电视，手刚搭上开关，在即开未开之间，那一刹那就是几，要有这样恰到毫颠的高度智慧，看准了，时间到了，应该做就做，对了便可改变历史。

“知终终之”，就是看见这件事，应该下台的，就“下次再见，谢谢”，立即下台，永远留一个非常好的印象在那里。但这个修养很难做到的，孔子、老子都是这个思想。老子说的“功成、名遂、身退”，就是知终终之。但“知终”的“知”很难，如懂了这个道理则“居上位而不骄”，虽然坐在最上的位置，亦不觉得有什么可骄傲的，这如同上楼下楼一样，没有永远在楼上不下来的，那么在下位亦无忧，因为时代不属于自己的，所以人生随时随地要了解自己。所谓“乾乾因其时而惕”，要认识自己，时间机会属于自己就玩一下，要知道玩得好，下来也舒服，这样纵或有危险，但不致出毛病。

从这里就看到孔子的思想就是一个“我”，人生如何去安排“我”，每一个人把自己的自我安排对了，整个大我也安排对了，有许多事往往是因为这个“我”安排得不好，把整个事情砸烂了。

山中的宰相

> 九四曰“或跃在渊，无咎”，何谓也？子曰：上下无常，非为邪也。进退无恒，非离群也，君子进德修业，欲及时也，故无咎。

《易经》讲了半天讲到极点，只教你把握一个时间、空间，时间不属于自己，任你怎样努力，亦没有用，时间到后来被变作运气，运不来，轮不到那个时间，再转亦没有用。但是要注意，看历史就知道，有些人时间到了自己的前面，却又让时间轻轻溜过去了。但“或跃在渊，无咎”。这句九四爻的爻辞说的是什么呢？前面说过，这句爻辞的“或”字，等于一个人站在门中间，一脚在里一脚在外，进出都可以，所以孔子这里说“上下无常，非为邪也”，要上去或要下来都可以，但并不是滑头，当然滑头亦可以做到这样，这中间就在各人的内心了。再进一步解说，一个人处世，或者进一步，或者退一步，亦没有办法固定，但是始终不是为个人，只是为社会，为国家，要有贡献，并不是滑头。但为什么要这样？因为这样站在中间，是等待时机，所以这是无咎的。当然人生做到第四爻，那是最舒服的。历史上有些人可以做到这样，举例来说，道家所标榜南北朝时候的陶弘景，有名的所谓山中宰相，南北朝几个皇帝，大事都要请教他，但他永远不出来，不做谁的官。像这一类人，所谓上下无常、进退无恒的人，中国历史上蛮多，可是他的情感，对于社会、国家的贡献，并没有忘记，并不是专门为私。

同声相应　同气相求

九五曰“飞龙在天，利见大人”，何谓也？子曰：同声相应，同气相求，水流湿，火就燥，云从龙，风从虎，圣人作而万物睹，本乎天者亲上，本乎地者亲下，则各从其类也。

九二爻说“利见大人”，现在九五爻也说“利见大人”，这到底说什么呢？是很妙的，而孔子的解释也妙得很，这亦看出他老人家的“上下无常，进退无恒”，也蛮滑的。有人写文章受他这一段的影响很大，那就是司马迁。试翻开《伯夷列传》看，司马迁整个的思想路线，都是走的这一段路，他对人生的评价，也是走这一段路。这一段很妙很妙，要详细研究起来，问题很多。这一段的文字也很美，但不要被美的文字骗过去了。古人的文章，文字境界很高，读起来往往因为喜欢文字的美，而忽略了文字中重要的思想。如《滕王阁序》，大家读起来，“落霞与孤鹜齐飞，秋水共长天一色”，都觉得文字很美，可是王勃在这篇文章中所透露的思想，却被忽略了。

现在我们先了解“同声相应”这一段的文字。

“同声相应”，这四个字研究起来很有趣，所谓“同声”，我们试到乡村就体会得到，有一只牛叫，另一只牛亦叫，相应了，因为同声，但牛叫鸡不会叫，因为不同声。“同气相求”，同一个气类的东西，这个“气”字很玄了，以现代科学的理论来说，物质元素排列相同的，自然合起来。这两句话又在说些什么呢？再看下面，透过了文字，就知道他的思想。“水流湿”，当然水向湿的地方流。“火就燥”，越干燥的地方越容易起火，这都是说自然的现象。“云从龙，风从虎。”龙大家都没见过，老虎一来风就来了。台湾没有老虎，在大陆，夜里在乡下丘陵地带走路，就要注意，有风来了，老虎就来了，这是中国古代的物理常识，这些都是说物类的相从。可是孔子讲这些干什么呢？和“飞龙在天，利见大人”又有什么关系？他没有交代。现代年轻人常常说：“中国古代没有什么东西，只搞搞文字，没有思想。”这种说法才真是没有思想呢！下边他又说“圣人作而万物睹”。我们现在一谈到圣人就想到孔夫子，这里孔夫子所讲的圣人当然不是他自己，也不是指文王、周公，而是中国文化中的一个代名词，如佛家讲的“佛”，基督教讲的“神”，都只是一个代号。“圣人作而万物睹”的意思是说，世界上有人文文化出来，唐尧虞舜开创人文文化以后，万物的道理就看得清楚，这是讲人的。下面再讲物理的性质：“本乎天者亲上，本乎地者亲下。”如一次燃烧，有的化为气的上升，有的物质下落于地，于是他的结论“则各从其类也”，各人从他的同类。

他这一段到底讲了些什么？司马迁在《伯夷列传》中亦讲到这个问题，他首先列举了好些个善人，都没有得到上天的好报，对这样的天理怀疑，而最后引用了这段文章作答案，写得非常妙。

我们先解决一个问题，以前的文学中，常有“攀龙附凤”这句话，例如汉高祖起来了，陈平、萧何这些原来不过是县政府的小科员，亦做了一国的宰相。所以这一段，说穿了亦就没味道，那只是他的人生哲学。所谓“利见大人”，只是各从其类，各人的爱好，也可以说是世界人类心理的分析。有些想发财的人，就看不起官位，这就是各从其类的意思，由这个道理可以看人生，到了九五爻这里的“利见大人”，不是普通的大人，是各从其类的大人。

莫到琼楼最上层

上九曰“亢龙有悔”，何谓也？子曰：贵而无位，高而无民，贤人在下位而无辅，是以动而有悔也。

人不要坐到最高位，换句话说，做人亦不要做得太高明了，做得太高明了不好玩的，会贵到没有位置好占。有的人，学问、人格、仪表都好，可是太贵了，贵而到了无位，连一个科员的位置都得不到。高明到极点，下面没有干部了，或者说天下人都是干部，可是天下人都不敢说话，有意见都不敢表示，这就讨厌了。这时就到了亢龙的境界，这时即使是好的，也会被打下来了，自己左右没有人来帮助，所以这一爻最不好，“动而有悔”，动辄得咎，没有好的事情临到身上了。

孔子这一段，把六爻的爻辞，统统拉到人文文化的这一面，很重要的。

用九而不被九用

下面又不同了，如果也是属于孔子研究《易经》所说的话，那么可能孔子去年的心得报告和前年的心得报告又不同了。我们先看看原文：

> 潜龙勿用，下也。见龙在田，时舍也。终日乾乾，行事也。或跃在渊，自试也。飞龙在天，上治也。亢龙有悔，穷之灾也。乾元用九，天下治也。

“潜龙勿用，下也。”这个下字的意思，太低了。“见龙在田，时舍也。”时间定在那里，舍就是住，定在那里。“终日乾乾，行事也。”这是对做事而言。“或跃在渊，自试也。”是自己准备，试探一下。“飞龙在天，上治也。”上面最好的现象，天下太平的境界。“亢龙有悔，穷之灾也。”到了极点，前面再没有路走了。

“乾元用九，天下治也。”整个是好的，天下太平。这一段的六爻解释又不同，而且讲得非常抽象。

潜龙勿用，阳气潜藏。见龙在田，天下文明。终日乾乾，与时偕行。或跃在渊，乾道乃革。飞龙在天，乃位乎天德。亢龙有悔，与时偕极。乾元用九，乃见天则。

“潜龙勿用，阳气潜藏。”这和最初的解释一样，等于晚上太阳在地球的下面，阳气潜伏在下面，还没有出来。“见龙在田，天下文明。”等于早上太阳刚出来，天下文明。我们注意，“文明”这两个字出自《易经》，实际上是文章与光明两个意思的联合，文章就是指万物摆在宇宙间的美丽现象，都称作文章。“终日乾乾，与时偕行。”这两句话大家务必要注意，刚才说过，《易经》的整个精神，也可以说是时。这几句话非常重要，孔子告诉我们，要跟着时代来变，来进步，做人也好，做事也好，要认清楚时代，把握时代，同时进步，不能落伍，这是中国文化的精神。“或跃在渊，乾道乃革。”到了第四爻，由内到外，这是一个改革的、变更的现象。“飞龙在天，乃位乎天德。”这是讲位，到了最高处了。“亢龙有悔，与时偕极。”时间已到了尽头，不再属于自己了。“乾元用九，乃见天则。”是说乾元用九，为天地的法则，天地造了万物，但是不支配万物，也没有把万物收回来，所以用九而不被九用。

说到这里，可以告诉大家，任何一卦的解释都不是固定的，都是靠自己的观念来解释，各人的见解不同，卦的解释也就见仁见智了。

现在我们继续讲乾卦的《文言》。

有关乾卦的解释，《周易》中共分了五个阶段，兹列表如下：

一、卦辞：如乾，元、亨、利、贞……

二、爻辞：如初九，潜龙勿用；九二，见龙在田……

三、彖辞：如彖曰：大哉乾元，万物资始，乃统天……

四、象辞：如象曰：天行健，君子以自强不息。潜龙勿用，阳在下也……

五、文言

乾卦的《文言》中又分为六节：

一、自“元者善之长”，至“君子行此四德，故曰：乾，元、亨、利、贞”，为第一节。

二、自“初九曰，潜龙勿用”，至“上九曰，亢龙有悔，……贤人在下位而无辅，是以动而有悔也”，为第二节。

三、自“潜龙勿用，下也”，至“乾元用九，天下治也”，为第三节。

四、自“潜龙勿用，阳气潜藏”，至“乾元用九，乃见天则”，为第四节。

五、自“乾元者，始而亨”，至“云行雨施，天下平也”，为第五节。

六、自“君子以成德为行”，至“知进退存亡而不失其正者，其唯圣人乎”，为第六节。

成功与成名

如果我们用卜卦做依通的话（如算命用子平，或用紫微斗数来算，都是依通的方式），从前面各个阶段可以看到，各阶段的解释不尽相同，其中除了爻辞，后面几个阶段的解释，据古人说都是孔子作的，但后世采怀疑的态度，并不承认完全是孔子所作的，认为有些是孔子作的，有些是孔子的学生所作的，但就各阶段观念的不同来看，是否有些是后人所作也很难说。因为古人有一种新的观念产生，往往不敢直说是自己的新观念，一定假托古人。如古人作诗，常常有好作品，却不敢出名，而假托古人。最著名的例子，如南北朝著《文心雕龙》的刘勰，古代搞文学的人，几乎没有不读他的《文心雕龙》的，这本书等于是中国古代最高文法的境界。他是在和尚庙里长大的，当他还未成名的时候，写了一篇文章，去拜访当时很有名的大文豪沈约，请求指教推荐。沈约把他的文章瞄了一眼，放在一旁，对他说："还早呢！年轻人，慢慢来。"这一下，刘勰受了相当大的打击，但他非常聪明，懂得沈约的心理，一声不响回去。等了半年，把原来的那篇文章稍稍变动一下，然后再送给沈约，说这篇文章是一位古代大文豪绝世的稿子，被他找到了，请沈约批评。沈约接过来阅读，一字一叹，大为叫好。可是等沈约读完了，赞美了半天，刘勰才说，这就是半年前送来请你批评，你说不好的那篇文章，这还是我作的那一篇呀！

再举个近代的实例，以前在上海出品无敌牌牙粉的家庭工业社大老板——天虚我生，年轻穷困时投稿谋生，都被退稿，后来办了家庭工业社，执上海工商界牛耳，各报章杂志都以高额稿酬请他写文章，他把过去被退回的文稿再寄出去应付，登出来以后，人人都说好。从这两个故事上，我们看通了所谓成名与不成名，实在没有什么道理。古人当其道不能行的时候，所以往往和刘勰一样，只好假托他当时的古人，再不然，就变成秘本，无名氏的著作，越是秘本就越易流行，这就是人类的心理。不过现在的人不同了，不但是抄古人的文章据为己有，乃至于偷老师、偷同时代人物的文章为己有。

从这些心理状态分析，所以对《易经》乾卦卦爻各种不同观念的解释，是不是出于一个人的手笔？是不是出于同一时代？的确是一个问题，我们不能不同意这些疑古派的意见，不能说他们一点理由都没有，但是依我们看，时代上离开不会太远。因为在原则上并没有变。

现在我们看到《文言》的第五阶段，这是最重要的地方了。

好的开始

乾元者，始而亨者也。

这里解释“乾，元、亨、利、贞”，乾卦“元”字的意义，是“始而亨者也”，代表元始，同时代表元始就是大吉大利、亨通的。如以做事来说，就是一开始就好，但要注意的是，在这里“元”与“亨”是连起来解释的，即原始的、亨通的，而且是完整的，并代表了一个很好的开始。

性与情

利贞者，性情也。

一个性，一个情，讲到中国文化的哲学，这里就提出来了，性情这两个东西，性代表人的本体、本来，情是后来发展为人的情绪。中国人原来讲人的心理，有所谓七情六欲，六欲是佛家的观念，七情则是喜、怒、哀、惧、爱、恶、欲。以现代观念而言，性是理智的，譬如遇到一件事情，在观念上觉得不应该骂的，可是因为情绪不好，一见不对就骂，在骂的时候自己也知道何必生那么大的气，可是忍不住骂了，理性上知道不必要，可是在情绪上忍不住。情亦和生理有关系，假使感冒了，或者肠胃不好，身体不舒服，往往情绪坏得多，这是一种性情。另外一种物理的性情，如堪舆学上的一些道理，房屋前有塘后有塘守空房，左有塘好，右有塘年轻人至少要离家出走，门前有路绕过是所谓玉带围腰很好，如果门前横过的路是反弓形就很不好。这上面就常常看到物理的情与无情的道理。现在拿《易经》来讲，对“性情”两个字，不作哲学的解释，而作物理上的解释。这里说“利贞”两个字，所代表的一个是性，一个是情，其中贞是性，利是情。

利与义

乾，始能以美利利天下，不言所利，大矣哉。

这解释又与上面不同了，意思是乾卦所谓的“利”。我们要注意，现代提到利，都是利害观念的利，而《易经》上所谓的利，是中国传统文化思想上讲的利，并不是我求利，而是自己帮助了别人就称作利。这里就告诉我们，乾是能以最好的利去利天下，自己不求利。这种伟大的胸襟，才够得上“元亨利贞”的“利”，所以中国文化的基本思想都是从《易经》来的。

心物一元

大哉乾乎，刚健中正，纯粹精也。

接着说乾卦所代表的性质，是刚健、中正、纯粹的精也。问题来了，什么叫作“精”？这很难解释，用现代的话来说，这里是说乾卦是宇宙万物的本体，这个本体不是属于物质的，物质不是宇宙万物的根本，唯物哲学以物质当作宇宙万物的基础，根本是错误的，西方的唯心哲学也没有说对。《易经》的哲学是心物一元的，这心物一元叫作精，这个道理牵涉很广，如果发挥起来，又是另外一个专题了。

卦　情

六爻发挥，旁通情也。

研究《易经》有一个名词——“旁通”，读汉代的《易经》，经常有这两个字，卦的错综复杂就是旁通。一个乾卦的六爻放在那里，每一爻的变，都可以变成另外一个卦。第一爻一变，就变成天风姤卦，第二爻再变就变成了天山遁卦，每个卦的六爻都可以变动，这六爻发挥出来，就是旁通。这个旁通，有一专门名词为“卦情”。哲学的道理，《易经》通了，人并不是物，一个人在一个团体里，所谓牵一发而动全身，如我同大家认识，彼此自然就有了感情，就要发挥旁通，旁通者情也，彼此相互的关系，这是情。

时乘六龙以御天也，云行雨施，天下平也。

解释乾卦的精神，在时间上如六条龙一样，

一天分六个时辰（阶段），驾御天体，就是它的功能，而风、云、雷、雨等，云行雨施，使天下安定，这目的在解释乾卦的本体，等于基督教说的上帝，佛教的佛，道家的道。

下面是解释爻辞了。

理想与现实

君子以成德为行，日可见之行也，潜之为言也，隐而未见，行而未成，是以君子弗用也。

这是对“潜龙勿用”所作人文文化的解释，这一解释，也是研究儒家思想、道家思想和孔孟思想的根本处。儒家精神中的“行”，认为有思想，有好的理想，有好的计划，没有构成行为，没有做出来，没有成果，对社会、国家没有贡献，尽管有很好的德性，仍不能算是成德，这可以作知行合一哲学的根本。“日可见之行也”，但是不要讲那么高远的哲学，人的德业修养，在平常每日大家所看得见的、做得到的德行德业，一点小事都要注意，要随时随地改进自己的德行。而“潜龙勿用”是“隐而未见”的，虽有很高的理想，很高的道德，然而没有成果出来，对社会、对国家没有贡献，大家看不出这理想，这是潜龙勿用，在人文文化上，并不是说君子是没有用，而是，没有用出来。

领导者的条件与修养

> 君子学以聚之，问以辨之，宽以居之，仁以行之，《易》曰见龙在田，利见大人，君德也。

这里解释乾卦九二爻的“见龙在田，利见大人”，是“君德也”——领导人必须具备的条件与修养。第一要学，“学以聚之”，学问是累积起来的。老子的话：“为学日益，为道日损。”做学问是每天每天慢慢累积起知识来的，修道则什么都不要，都丢开，知识亦不要，学问亦不要。做学问则每一件知识都需要，这里“学以聚之”，就是要知识渊博，样样都懂。“问以辨之”，要好问，到处请教，以能问于不能，这是儒家常常提到的。“宽以居之”，仅有学问还不行，要宽厚，待人接物，胸襟要伟大，包容万象，不能狭隘。然后“仁以行之”，还要仁慈。学、问、宽、仁，四点一定要做到，“见龙在田，利见大人”就是这四德，是领导人应该做到的修养。

渡过危机

九三重刚而不中，上不在天，下不在田，故乾乾因其时而惕，虽危无咎矣。

做一个中间的干部，在一人之下，众人之上的时候，这种位置最危险，因为上不在天，还没有到顶，下不在田，对下不能踏实，而上下的一切责任都落在身上，“故乾乾因其时而惕”，所以随时随地都在警戒自己，提醒自己，那么虽危险亦可以没有危险。由此知道，最后的这一阶段的解释，不但告诉我们个人的修养，亦告诉我们处世的原则。

无可无不可

九四重刚而不中，上不在天，下不在田，中不在人，故或之，或之者，疑之也，故无咎。

九四爻一爻一爻都是阳爻重重而来，阳为刚，重刚又不在中间的位置，偏了。不在天位，不在地位，也不在人位。天、地、人三位都没有占到，比方一个青年，大学毕业了，没有出路，不在社会上做事，这时就“上不在天，下不在田，中不在人”。所以“或之”，或就是疑，是有考虑的余地，这也是中国隐士的思想，什么都不占，换句话说，也类同于神仙处世的境界。

大人的境界

> 夫大人者，与天地合其德，与日月合其明，与四时合其序，与鬼神合其吉凶。先天而天弗违，后天而奉天时，天且弗违，而况于人乎？况于鬼神乎？

解释九五爻，突然提出一个“大人”，这大人不得了，伟大得很。这里有个大问题，也是我的“专利”，现在告诉大家。几千年来，大家讲《大学》《中庸》，一提中国文化，好像就只有《大学》《中庸》，而且很多中外人士就把《大学》《中庸》代表了孔子思想，但事实上《大学》是孔子的学生曾子作的，和孔子原来的思想，稍有不同。《中庸》是子思作的，思想更与孔子的不同。

但《大学》思想是哪里来的？就是《易经》乾卦九五爻这条来的。“大学者，大人之学也”，试看历代儒家的注解，尤其是朱熹注的“大学者，大人之学也”。古礼六岁入小学，十八岁入大学，学做人了，长大了就是大人吗？到香港还称警察为大人，他难道懂了《大学》？《大学》的“大人”，实际上是从这里来的，而《中庸》是从坤卦来的。什么是“大人”？等于基督教的上帝，佛家的如来，儒家的圣人，道家的神仙。这里提出来的大人是“与天地合其德”，与天地的德性相合了；“与日月合其明”，同太阳月亮一样光明；“与四时合其序”，同四时春夏秋冬的程序一样分明；“与鬼神合其吉凶”，同鬼神一样变化不测。这样的大人，除了圣人、上帝、神仙、佛以外，谁能做到？我曾经对一位前清的举人说笑，说我已到了大人的境界。而且理学家说得对，人人都是尧、舜，人人都是圣人，说“与天地合其德”，我并没有把地当成天，天就是天，地就是地，岂不“与天地合其德”？说“与日月合其明”，我亦没有把白天当夜晚，也没有把夜晚当白天；“与四时合其序”，冬天我绝对不穿丝织品衣服，夏天绝对不穿皮袄；“与鬼神合其吉凶”，我不敢去的地方，鬼亦不敢去，我说老先生们把圣人搞得太莫名其妙了，事实上人人都是圣人。我说圣人的境界本来也很平凡，可是大家都被文字困住了，把圣人推得太高了，犯了“高推圣境”的毛病，把圣人的境界，故意塑造得太高太呆板了，中国文化的天人合一，就是那么平凡。下面的话可以看到“先天而天弗违”，先于天，在宇宙还没有开始以前的时候，这个功能是存在的，而“天弗违”——这个天即这个宇宙，开辟了以后，不能够违背这个先天功能的法则，《易经》的法则，到了有这个世界以后，更不能超出这个法则——人生了就要死，花开了就要落的法则，自然的现象，没有什么稀奇；“天且弗违”，《易经》告诉我们宇宙的法则，最高的真理，连这个有形的宇宙，都没有办法违背这个原理，又何况我们人类！鬼和神也出不了这个法则，后世以这里的话来比皇帝，那是奉承的话，不必相信。皇帝称九五，九是到了阳极，五是中正的意思，不是这个九五爻。

六字真言

亢之为言也，知进而不知退，知存而不知亡，知得而不知丧，其唯圣人乎？知进退存亡而不失其正者，其唯圣人乎？

第六爻的爻辞“亢龙有悔”，所谓亢龙是高亢。这个很重要，每个人都要注意，学了《易经》做人做事，不要过头，过头就是亢；大家都是平等的，只知道进不知道退，只知道存不知道亡，只知道得不知道失去，就是亢；人很容易犯这个毛病，知道进退存亡得失的关键，就是圣人。学《易》就是使我们知道“进退存亡得失”六个字。

坤卦的研究

现在回过来讲《周易》的坤卦。

说到坤卦，一个很大很麻烦的问题又来了，本来我主张研究《易经》，该从《系传》开始，现在先讲经文，使大家在卦上多了解以后，再回转来看《系传》，也许会更深入一点。

乾卦还好研究，坤卦就比较讨厌了。

> 坤，元亨，利牝马之贞；君子有攸往，先迷后得，主利；西南得朋，东北丧朋，安贞吉。

要注意，这里也是“元、亨、利、贞”，但“利、贞”不紧接在“元、亨”之后，而是“利牝马之贞”，母马之贞，公马则不贞。换言之，假使卜卦，这句话只利太太，当丈夫的没有份。何以利牝马之贞？“君子有攸往，先迷后得。”以卜卦而言，出门好不好？好！但是开始有艰难，弄得糊里糊涂，最后却有很好的成就，主利，大吉大利的。“西南得朋，东北丧朋。”出门如去西南，或在西南方做事业，一定成功，会有很多朋友帮忙，可是不利于东北，但本身没有关系，得力的助手会失去，可是本身大利，所以要“安，贞，大吉”。这和签诗一样，不必解释，都晓得了，可是认真研究起其中的道理来就讨厌了。坤为地，地为什么会有这些个说法？一般学者，专门读书、不研究象数的人，不懂上古道家科学思想的，对于《易经》就觉得讨厌。尤其五四运动以后，有多少学者骂《易经》，在那里痛恨自己的文化到如此地步。

《参同契》透露了坤卦的秘密

现在我们来作深入的研究。我们知道，乾卦代表太阳，坤卦代表月亮，也代表大地。这要注意到，自《京房易》的系统下来，汉朝有一部道家的书叫《参同契》，是丹经鼻祖——所谓“丹经”，是炼丹的，使一个人超凡入圣变成神仙——为东汉魏伯阳真人所著，又名火龙真人，佛家称佛，道家称真人。所谓“参同”，是就《易经》《老子》《庄子》三本书的道理和方法，对于人修炼成神仙的科学性原则是相同相通的。在《参同契》里，从天地宇宙的法则，然后讲到生命的法则，自己养生的方法。他的方法中，用了《京房易》这一系统的《易经》思想，说明了乾坤两卦，太阳月亮和地球及地球外面的金、木、水、火、土五星，与人类身体内部生命法则相通的地方，其中提到坤卦是一个重大的问题。

说到这里，报告大家自己认为很得意的一件事，这件事到现在为止，仍然是“只此一家，别无分号”，是一件尚未被人发现的一个重大发现，对《易经》体认的一个独家所有的不传之秘：记得当年研究坤卦又研究《参同契》《京房易》，几条路不能相通，相当痛苦，尤其是看丹道方面的书，炼性、命方面的方法，简直玄不可测，不可知，不可思议，感到奇怪。再退回来看一般学说上的、历史上的，乃至近代大学者如康有为、梁启超、章太炎等的说法，不但都是批驳，而且处处存怀疑。但是我有一个观念，我还是非常崇拜自己的祖先，认为古人自有他的道理，经过很多年的研究，才把它弄通了。《参同契》中谈到京房的纳甲，为什么乾卦纳甲，坤卦纳乙？甲乙本来在东方，把纳甲的圆图拿来看，位置都变了。看《参同契》就更奇怪了，其中说：“三日出为爽，震庚受西方，八日兑受丁，上弦平如绳，十五乾体就，盛满甲东方，蟾蜍与兔魄，日月炁双明，蟾蜍视卦节，兔者吐生光，七八道已讫，屈折低下降，十六转受统，巽辛见平明，艮值于丙南，下弦二十三，坤乙三十日，东北丧其朋，节尽相禅与，继体复生龙，壬癸配甲乙，乾坤括始终。”这在最初也不懂是怎么个说法。道家所谓炼身体是炼精化气，炼气化神，炼神还虚，然后变成神仙，依照道家的办法，大约一共需要十三年就可成功。我常说假如真有神仙，只需要十三年就可成功，真是合算。用求学来比，小学六年，初中三年，高中三年，大学四年，一共费时十六年，大学毕业以后，找一个一万元月薪的工作，还到处进不去。如果费十三年时间可以变成神仙，长生不死，该多舒服！这在西方文化是想都不敢想的，只有中国人有这种理想。

看《参同契》的这段文字，以后再看《易经》的坤卦中“西南得朋，东北丧朋”，和《参同契》的“东北丧其朋”的话一对照，我把它贯通了。这里坤卦是指月亮。我们中国几千年来，天文历法，都是用太阴历，以月亮的盈亏作标准，与潮水的升降有关系，与土地的地质变化也有关系，气候的变化，就是用这一套方法推测出来的，这比现在的天文台、气象所还要准确。太阴历月亮每到十五满月从东方出来，每五天一候，三候一气，六候一节，都是根据月亮现象看出来的。可知我们的老祖宗经过了几千几万年的经验，最后把这个法则拿出来，成为全民的科学。人人都懂了，天文、人事，都能把握。所谓上知天文，下知地理，月亮盈亏的阶段分为六个，先说十五的月亮最圆的，十六最圆满了，到了十七开始缺，二十三亏了一半，二十八没有了。真正的黑夜是二十八以后到下月初二，这期间假使带兵走夜路，要特别小心，到了初三的眉毛月就出来了，是看西方，挂在天上面，所以月出于西，到了初七、初八，夜中看到半月在正南方，到了十五又看到满月在东方的位置，也是乾卦的位置，因圆满光明，所以是乾卦。这亮是真阳，我们老祖宗就知道月亮本身不发光，是吸收太阳的光，到了十五月亮的光代表了阴中之阳，所以纳甲纳在这里。再到了二十七八，月亮在东北方下去就没有了，后天为艮卦，先天为乾卦现象。把这《参同契》的那段话和月亮的现象了解后，就知道这里坤卦不是“西南得朋，东北丧朋”，而应该是“西南得明，东北丧明”。那么从此知道这是中国古代的一套科学。

坤为什么独利母马

“元亨，利牝马之贞。”对母马就好，对公马不好，为什么呢？读《易经》，对中国文化的物理常识要丰富。我们到西北，看到野马群，马是喜欢合群的，一群上千匹的马中，有一个头子出来，一定是一匹公马，这匹公马领头往哪里，这一群马，无论公的母的都跟着它，非常拥护领袖。牛群也是如此，牛群夜晚睡觉，母牛一定睡在靠里面的安全地带，公牛则一定睡在靠外面的地带，以保护母牛。所以男人照应女人，是天经地义的事。打仗的时候，公马亦一定冲在前面，所以牝马（母马）是追随牡马（公马）的，这是第一个观念。其次，世界上最伟大的是母爱，每一个宗教，到最后都是崇拜女性的，天主教的圣母，佛教的观世音，都是女性，因为母爱最慈悲、最仁慈、最伟大，所以中国文化上认为女性

“为母者强”。不但人如此，各种动物亦如此，当母亲的时候最坚强。试看母鸡，平常非常软弱，可是当它翼护小鸡的时候，遇到了老鹰等侵略者时，则会拼命保护小鸡，精诚抵抗，这就是母爱的精神，牺牲自我的精神。所以母马不但有跟公马，跟乾卦，顺阳性的功能，同时本身还能发挥群爱、仁慈的精神，所以坤卦的象是牝马，这是妙得很的。第三个观念，我们知道在中国文学上“牧马嘶风”的话，马是喜欢走逆风，牛喜欢走顺水，所以研究《易经》的象，要懂得中国古代这一套物理学。如中国文化的物理，冬天在郊野，欲知风向，看鸟栖息在树上的位置就知道，如栖在东边的枝上，即有东风来，栖在西边的枝上，即有西风来，因为鸟喜欢面对逆风，假如顺风，它的羽毛被吹翻起来，可就要冻死了，这是当然的道理。马喜欢逆风，因奔走时有更大量的空气吸入，毛也是顺着吹，当然更舒服。

坤卦又代表月亮，月亮的发光是从太阳来的，也代表大地，地球的运动也是跟着太阳作相反的运动，这些了解以后，就知道坤卦的卦辞，是非常含有科学道理的。中国文化的好处在把科学、物理、天文归纳到人事法则上来，因为天地人，总是人的文化，缺点则在我们科学思想的进步比任何民族更早，而不愿意向唯物方面发展，只拉到人文方面来。这是就目前而言，究竟将来的历史，是我们吃亏或是人家吃亏，那就很难讲了，我们应该有自信，我想我们是不会吃亏的。

现在我们再来看坤卦的卦辞，就容易懂了。“坤，元亨。”元代表了后天的开始，亨通的，同大地一样，月亮一样，是光明的。“利牝马之贞”，有利的像母马那么顺，顺天而行，亦可以说是顺乾卦而行，亦可以说顺阳而行，这样产生的中国的人生哲学，同时也可以讲男女夫妇的夫唱妇随，和顺家庭才兴旺，事业才发展，社会才繁荣，并不是说夫唱妇随即是打倒女权，这个思想是最尊重女权的。如前面说的马群、牛群，到了夜间在旷野中休息，自然会让母马母牛到中间安全地带去睡，公马公牛都在外围担任保卫的责任，男性的伟大亦在此自我牺牲的精神，所以夫唱妇随的顺道，并不是压迫女性，因为女性的许多先天性条件是需要保护的，所以这里教我们要有效法坤卦的精神，顺大众的精神。古代坤卦为皇后之卦，如以卜卦而言，以这个现象问吉凶祸福，则“君子有攸往，先迷后得”，像月亮一样，先有一度是黑暗的，后面一直是光明。可是到了圆满的时候要注意了，接着是下坡路，主利是指中间有月圆之日，大好的前途，因为是月亮的情形。“西南得朋，东北丧朋”，如照我前面的解释，就像古人一样把这两句改为“西南得明，东北丧明”。不过我也认为懂了这个道理，也不必要改。“安贞吉”是安详的，讲人生哲学，要效法坤卦的精神，坤卦永远是平安的，等于地球，永远是安详，尽管汽车去碾压它，开山去爆炸它、挖它，它亦不生气，人要学到这样包容、大度、安详，就公正，结果大吉大利。

大地的文化

以上是我对坤卦的另一个专利的看法。下面是《彖辞》，看法又不同了，又把坤卦拿来完全作大地——地球的解释，所谓乾为天，坤为地。

彖曰：至哉坤元，万物资生，乃顺承天。

乾卦有一句话“至哉乾元”，是孔子赞叹的话，现在孔子又转过来赞叹坤元，孔孟的儒家思想走这个路子，道家亦走这个路子，老子教我们效法天地。我们做人为什么要效法地球？“万物资生”，万物的生命靠地球才能够生出来，它可没有向我们要报酬，所以人要效法这种道德的精神，只知付出不要回收。大地为什么有这种功能和精神？因为大地永远像天一样，给你光明，给你生命的能，它没有想要破坏你，所以是承受了这种天道的法则，而构成了这个大地的精神，这是孔子第一个在抽象方面，赞叹坤卦——大地的功能。

> 坤厚载物，德合无疆，含弘光大，品物咸亨。

第二个观念，又赞叹这个大地，教我们人要效法大地那么伟大，月亮那么光明。古人对一个胸襟伟大、了不起的大人物形容为“光风霁月”，同月亮那么光明磊落多好，地有多厚，厚到可以载万物，所以它的德性之大是没有边界的。中国人以前都讲天圆地方，而被指为不科学，其实中国人科学得很，只是把“天圆地方”的意思解释错了。中国古人并没有认为地是一个方块，而是说地是有方位的，分东、南、西、北方。试看孔子的学生曾子就说地是圆的，汉朝亦说宇宙如鸡蛋，地球如蛋黄，没有错，只怪后世的人自己读书不够，乱解释中国文化。现在这里亦说“德合无疆”，地哪里有疆界？地是圆的，哪里有起点？经纬度是人替它假设的，站在中国立场，中原是起点，站在英国立场，又另外假设一个起点，所以我们做人处世，要效法大地的精神，德要养得厚，而且要圆融广大，含蓄伟大的光明，万有的东西都靠大地生长。

> 牝马地类，行地无疆，柔顺利贞，君子攸行。

这里又把科学精神拿到人文文化上来解释，母马和大地一样，逆风而行，就是地球与太阳之间的关系，地球是反太阳的方向运转，“行地无疆”，地球永远是运转的，马也是不休息的，马睡觉是站着的，懂得物理，这书中的味道就读出来了。像庙里为什么敲木鱼，因为鱼的眼睛不会闭上的，鱼是不睡觉的，所以敲木鱼是教学道的人要像鱼一样，要时刻警醒。“行地无疆”，也就是乾卦“天行健，君子以自强不息”同样的道理。人不能有一分一秒的松懈，求学、做人、为道、为德，都应如此，还要“柔顺利贞，君子攸行”效法乾坤一样，天地一样的胸襟，包容万象，自强不息。

> 先迷失道，后顺得常，西南得朋，乃与类行，东北丧朋，乃终有庆。

这里证明了这两个“朋”字是“明”字，

孔子这里亦说，开始迷住了找不到路，后来顺天体而行，自然返回正常，西南为什么得朋，东北为什么丧朋，那便是指它必须要与同类合群共行，结果终归会有吉庆。

安贞之吉，应地无疆。

这是解释文王卦辞，何谓“安贞吉”？人先要安、要贞——正派，能够安，能够正，自然大吉大利，就像大地一样，那么平静。

象曰：地势坤，君子以厚德载物。

这里明白地说明，坤卦的现象如大地一样，大地是坤卦，要懂得坤卦这个符号是大地的代表，讲人文文化，做人要效法大地一样，修养自己的学问道德，要效法大地之厚，尤其当领袖的人要包容，要能负担，别人的痛苦都能承担起来，“厚德载物”是中国文化儒家道家的最高的学问。

研究《易经》，应该发挥每人自己的智慧，做学问是很难的，我今日认为对的意见，到明天有了新的发现，说不定又把头一天自己的意见推翻了，所以我所讲的，只是提供大家做一个参考，告诉大家一个研究《易经》的方法而已，千万不要过分相信，有时候连对古人都要怀疑，可是怀疑归怀疑，印证又是另一回事，不可因有一点怀疑，就作全盘的推翻，这就太狂妄了。

现在讲坤卦的爻辞。

邵康节的宝瓶子

初六，履霜坚冰至。象曰：履霜坚冰，阴始凝也，驯致其道，至坚冰也。

这里就和乾卦不同了，我们过去的天文科学，是用十二辟卦来代表十二个月，十二辟卦是乾坤两卦的变化，坤卦是十月，为纯阴之卦，坤卦是在上古，也许更上古形成的。我始终怀疑《易经》的文化是上一个冰河时期留下来的，不是这一个冰河时期的产物，因为它的科学、哲学的道理太高明了。我们知道了坤卦是代表十月，在一年二十四节气中，有一个霜降节气，这时候夜间会结霜，当早上打开大门，踏到地下有霜的时候，就知道跟着天气要冷了，该准备冬衣过冬了。跟着下来是立冬、小雪、大雪，天要下雪了，黄河要冰冻了。“履霜坚冰至”告诉我们，如果讲哲学，一个学过《易经》的人，就会知道前因后果。一件事情一做的时候，一定晓得后果，对这件事结论如何，自己的智慧应该知道，因为“履霜坚冰至”，任何事情都有它的前因和后果。

那么《象辞》的解释，引用爻辞的履霜坚冰，是冬天阴气开始凝结起来，开始是前因，至于后果，则“驯致其道，至坚冰也”。顺着这个时间下去，就天寒地冻，地下要结冰的。如果卜卦，得到坤卦初爻，就知道以后还更艰难，但是假如作战，在北方碰到这种情形，就知黄河要结冰了，不需几天就可渡河而过。在抗战期间，我们国运昌隆，连续八年黄河没有结冰，假使结了冰，的确有问题，日本人的马队一下子就过来了，日本人一直在等这个机会，可是上天保佑，抗战八年中黄河就没有结过冰。举这个例子，就是说明同一个卦，看情形如何，可有利亦可不利，运用之妙存乎一心，不要迷信，这是智慧的事情，全靠心灵偶然的判断，如果加上主观就不行了。

以前有一位善卜的人（传说是邵康节），占

卜到他自己的一只宝瓶在某月某日正午时会破碎得四分五裂，他就不信，在这一天把这只宝瓶安安稳稳放在桌子中间，自己则坐在桌旁守着，看这只宝瓶如何破法。到了中午他的太太把饭做好了，叫他吃饭，叫了几次，他都不理，太太见他不声不响不动，老盯着一个瓶子发呆，就故意开玩笑，欲惊醒他，拿了一条鸡毛掸子向瓶上一敲："你看这宝瓶干什么?"不小心把这宝瓶敲破了，于是他哦了一声悟了，悟了什么？忘记把自己算进去，就是没有把主观算进去，这是关于算卦的有名故事。但这故事中含有很高深的哲理，人处理任何事情，往往不是忘记了自己，就是把自己看得太高，这是做人的修养、事情的处理要千万注意的道理。所以懂《易经》的道理，就是懂做人的道理，因此可以知道儒家的孔孟思想，道家的老庄思想，都是从《易经》出来的，诸子百家也都是渊源于《易经》。

不习无不利

六二，直方大，不习无不利。象曰：六二之动，直以方也，不习无不利，地道光也。

这句爻辞很难解释了，现在有两个观念，坤卦是代表地，地面有三个情形，直、方、大，这是毫无问题的，但这还不够，坤卦亦代表了月亮，刚才初爻的月亮，《参同契》说过在西南方，是上弦月，而二爻这个时候的月亮，出来的时候，是直的上弦月，方是方位在南方，大是光大的，“不习无不利”，习字古人说像飞鸟形，上面两个翅膀，下面的太阳，也是一幅图案画，是练习的习。当初七、初八时的上弦月亮，在南方出来时候的直、方、大，用不着随时看见是不习，无不利是好的，因为有一半的光明。“不习无不利”在卜卦而言是好的，在修养而言又不同了。另有一种解释，《论语》上孔子说："性相近也，习相远也。"性相近是人刚生下来的本性是近于道的，习是后来的教育与习惯，人加上了后天的环境教育，越加得多，本性就离道越远，用这个观念来看"不习无不利"这句话，就可以看通了，即不加上后天的习气，则大吉大利，是光明的。而《象辞》的解释，六二爻的动爻，是正对南方的方位，"不习无不利"则是因为"地道光也"，月亮已经出来了，大地是光明的现象。

无成有终的哲学

> 六三，含章可贞，或从王事，无成有终。象曰：含章可贞，以时发也。或从王事，知光大也。

如果我们了解月亮是坤卦，《参同契》上提到："十五乾体就，盛满甲东方。"月亮全满，自东方出来，这时候是"含章"。含章有两种说法，古代始终把月亮和太阳，在文学上有两个名词：金乌、玉兔。元曲乃至平剧中常有"玉兔升金乌堕"的句子。太阳为金乌，月亮为玉兔。神话的解释，月亮中的黑影就是一个兔子，但古书上并不是说月亮里有个兔子，而是黑影的形态勾出来像一只兔子，太阳里的黑点勾画出来，则像一只乌鸦一样，所以名金乌。昆明的金马、碧鸡坊的那条街，每隔若干时间会发生一个现象，就是当太阳还没有下去的时候，满月已经出来了，站在这条街的中间，向一端看可以看到太阳，同一时间向另一端看，可以看到月亮，这是含章的第一个解释。第二个解释，我国古代对于月亮，和现代科学观念一样，认为月亮本身不能发光，是吸收了太阳的真光再放射出来的光明，所以说它里面含章，章代表了光明和美丽。

"可贞"是很正，六三为阴爻，不算得其中，是内卦的高峰，所以含章可贞，有光明现象。以卜卦来说，"或从王事"，如果一人为前途而卜，这个人将来可能很有前途，事业很大，乃至辅助一个人创业，如韩信、张良辅助汉高祖千古留名，但是无成，自己本身不会成功的，虽然不会成功，可有结果。这到底是怎么个说法？假如在中学里作文，学生写了这种句子，老师一定批他不通，又无成，又有终，多矛盾。如果我们知道坤卦是代表月亮，由这个譬喻去看人事，就会很清楚。等年纪大了看《易经》很清楚，孔子的经验，五十岁再学《易》，加上许多人生经验与知识，才能够学通。像刘伯温帮助朱元璋打下了天下，最后他被同事毒死了，这是无成，可是千古留名，有终。

推开了这些不谈，今日为了国家民族，这八个字很可以拿来效法，要有“或从王事，无成有终”的精神，革命不一定要自己看到成功，成功不必在我。人生有两条路，一条是现有的事业成就，一个是千秋的事业。像宋朝的三个大儒，朱熹、程颐、程颢等，官做得并不大，他们在学说上留名万古，永远有地位；反之，人若有房子，有钞票财产，不见得是成功。由《象辞》的解释，也可以了解：“含章可贞，以时发也。”为什么说它“含章可贞”，内在有光明呢？因为得其时，月亮到了每个月的十五得时了，所以卜卦算命，时不对，时间不属于自己，不要强做，或从王事，是了解月亮是靠太阳的反映而发光的。

括囊无咎

六四，括囊，无咎，无誉。象曰：括囊无咎，慎不害也。

在古书上常看到历史上的许多人，地位很高，诸如宰相、大臣，年纪大了，告老归乡以后，自称“括囊无咎”，这并不是说括一批钞票，自己口袋里装起来，不出毛病。中国有两个字“囊”与“橐”，古代有口的布袋为囊，中间向两头都开口的布袋，背在肩上的为橐。括囊是口袋的口收紧，不是装满口袋，这是下半月二十三四日的月亮，半个口袋，袋口收紧了，“无咎”不会出毛病，但是亦“无誉”，没有人恭维，既不被人毁谤，亦得不到别人恭维。所以中国文化古代一般读书人，讲修养，讲人生，自己做一辈子事业，最后退休了，晚年还乡，检讨一下自己，没有毛病，平安退回来了，往事不讲，

“英雄到老皆皈佛，宿将还山不论兵。”这个现象就是把自己嘴巴闭起来了——括囊，既无咎，亦无誉，那么这样括囊无咎，慎重到了极点，没有害处。

黄裳元吉

六五，黄裳，元吉。象曰：黄裳元吉，文在中也。

所谓“裳”，古代的服装，长袍是外罩，上面长过膝盖的是衣，下面所穿和西藏人一样，穿裙子称作裳，后来才变成裤，那是自北方来的，因为北方天气寒冷，穿裙不能保温，受不了。“黄裳”，裳是下半截，那么每月的下半月，早晨起来看下弦月亮，是淡黄的，说的就是这个现象，并不必要多加解释，可是中国古书上的解释多了，中央戊己土为黄等，多得很，都有理由，都是了不起的解释，但还是把它推开，还是从原书本身来解释较妥当。乾卦九五爻时是好的，飞龙在天，利见大人，坤卦到了六五爻亦好得很，“黄裳，元吉”，《象辞》的解释，“黄裳元吉，文在中也”，是文字的光华现象。

物极则反

上六，龙战于野，其血玄黄。象曰：龙战于野，其道穷也。

乾卦六爻，都用龙来代表，坤卦都没有用龙作代表。坤卦开始说卦的本身是用母马作代表，接下来以大地的现象，在六爻中是说月亮的现象。但现在到了上六，最后一爻，引用到乾卦来了，把龙用进来了。我们知道坤卦是没有综卦的，而它的错卦，六爻都是阳爻，其次阴极就阳生，这一爻要变了，坤卦到这里非变不可，于是阳爻要进来了。而“龙战于野”，一战争就要流血，流下的血为玄——青色，黄是黄的颜色。以天象来解释非常通，不需要套用那么多东西，只要仔细观察一下，每月二十八九日，尤其早晨起来，天苍苍，野茫茫，有玄黄之色。如果确定《易经》是根据天象来谈人事的，而去观察天象自然界的现象，《易经》本身是很好解释的，不必讨论到那么多东西。《象辞》解说“龙战于野”，是说坤卦到极点，可引用“穷则变，变则通”这两句话。战争对人类并不一定是一种祸害，也许是一种革新，因为穷则变，变则通。时代到了某一个情况非变不可，非革命不可，因为“其道穷也”，穷则要求变，变的时候自然有“龙战于野”之象，这是一定的。

用六永贞

用六，利永贞。象曰：用六永贞，以大终也。

这是讲整个坤卦，要注意的，六十四卦，只有乾卦讲到用九和这里坤卦的用六，其他六十二卦，都没有“用九”“用六”的。所谓“用六”，也是和乾卦解释“用九”一样，就是不被六用，用全体的卦，而本身并不加入在某一爻里，这就高了，大吉大利，永远是好的，《象辞》解释，用六能永贞，是因为有伟大的结果。

这里讲完了坤的爻辞，再提请大家注意的是，我研究《易经》的方法，是不管各家的注解，尤其《周易集注》的注解是不能看的，这是朱熹当年集拢各家的注解而成的，以便利于初学者的参考，不幸把许多错误的注解亦用进来了。这一本是明朝国子监的监本，等于现在国立大学的课本，有许多都不能看。我们现在是用天象的观察来研究《易经》，这是较原始的路子，比较正确的，但是今天我们若回转来研究自己传统文化的天文学，又是要新开路子了。现在国内能懂得中国自己原始的天文学，而把现代西方天文学同时合并治理的人，已不多见了。

妇唱夫随　阴阳颠倒

文言曰：坤，至柔而动也刚，至静而德方，后得主而有常，含万物而化光，坤道其顺乎？承天而时行。

现在所要谈的是思想问题，讲孔子的《文言》。《文言》很重要，研究中国文化，儒家的孔孟思想，道家的老庄思想，都从《易经》的原理来。现在推开了每卦的卜卦卜辞，只看《文言》；所谓“文言”，就是以文化的观念研究《易经》。这里孔子提出来讲坤卦的德性是，坤是纯阴卦，是至柔的，至柔是坤卦的体，如果动起来就刚强，老子引用了这个观念，所以他说“柔能克刚”。世界上最柔的是水，水是没有骨头的，再加热就干了、化了，连影子都没有了，所以说水是天下之至柔，但却能克天下之至刚，就是不管多厚的钢板，在不断地滴水之下，最后亦必被水滴得穿洞。又如工业用的“水刀”，把水加速也真的把钢板切开了。所以儒家、道家都教人不要过刚，过刚易折，一个人太刚强了，容易断折。所以坤卦的本身是至柔，不动则已，一动就是刚，像练太极拳，在练的时候，慢慢摸，非常柔，但是到了用的时候，就非常快，非常刚。“至静而德方”，坤卦是至静的，但并不是死寂的，没有骨头的，是外圆内方的，内在永远是方正的，一个人假使把自己的精神、人格、修养做好了，自然是外圆内方，形成了至静而德方，还加一个条件“后得主而有常，含万物而化光”，就是月亮的道理，有一定的常轨，有如大地，包容一切而化成光明，这是说人的修养。是什么人才应该有如此修养？乾卦是君道，是领导人的修养；坤卦则是臣道，为一人之下的人的修养，小则里长行君道，里干事就行臣道，就“坤道其顺乎，承天而时行”。要柔顺，要承上启下，承天，承乾卦的功能而行，这就教我们做人，要站在坤道的立场。坤道是臣道，又是妻道，所以中国讲妇女的德性，是夫唱妇随，但现代相反了，乾坤颠倒，要妇唱夫随，我们知道儒家思想、道家思想都从这个理由来的。

现在继续讲坤卦的《文言》。

孔老夫子的因果观

积善之家，必有余庆；积不善之家，必有余殃。

这四句话是中国文化的原则，大家要特别注意的，我们中国文化，东方文化，最喜欢讲因果报应。如果过去没有研究过《易经》，便以为这是来自印度的佛家思想，事实上中国、印度、东方文化都建立在因果报应基础上。由此我们了解，中国过去五千年文化思想的教育、政治、道德等的基础，都是建立在因果基础上，所以大家都怕不好的报应，乃至做官的人，要为子孙培养后福，都是怕因果。不过因果的问题是宗教哲学的大问题，研究起来也是很好的一本书，一篇很好的博士学位的论文。佛家的因果，是讲本身的三世，即前生、现在及后世。中国儒家的因果讲祖宗、本身、子孙三代，就是根据《易经》这里来的，这也是一个历史哲学，尤其这几句话，我们都晓得用，知道是孔子的话，这是中国文化几千年来不变的。现在当然社会道德已变动了，但是据我个人仔细、静静地观察研究，我们中国人年轻一代尽管怎么个变，这个观念还是有，这是我们民族血统中的观念。

我们要注意“余庆”“余殃”的“余”字，余是剩下来的，余是有变化的，并不是一定报在本身，这是中国人对因果报应的看法，中国文化一切都建立在这因果报应上。由此看来，刘备在临死的时候，吩咐他儿子两句话：“勿以善小而不为，勿以恶小而为之。”以刘备这样一位枭雄，对自己的儿子作这样的教育，都是从中国旧文化来的观念。我们看历史传记，常常提到某某人的上代，做了如何如何的好事，所以某某人有此好结果。将来中西文化汇合以后如何演变？还不知道。现在据我所知，最近在美国对宗教的观念，自哈佛大学开始，已经有了转变，主张宗教不能分家，提出“宗教一家”的口号；其次，美国的一般学者、知识青年，也非常相信三世因果，所以中国人的家庭教育要注意，尤其现在为父母的人，教育下一代，为了国家民族文化，这个观念还是绝对不可忽视的。

下面孔子对于这个观念作了演绎，由此亦可以知道，孔子为什么作《春秋》，写历史，历史的法则就在这里。

> 臣弑其君，子弑其父，非一朝一夕之故，其所由来者渐矣，由辨之不早辨也。易曰：履霜坚冰至，盖言顺也。

春秋战国的时候，孔子看到社会那么乱，不忠不孝不仁不义的人那么多，所以提倡孝、提倡仁。社会文化，就像人吃药一样，哪一种病流行，就倡用医哪一种病的药，假如这两天感冒流行，药店的感冒药就卖得多。大学里开课，社会需要什么人才，学校就开什么课程，教育就是这么个道理。所以我们看了四书五经很伤感，可见中国这个民族，可怕的一面是不孝、不仁、不义的太多，所以孔子提倡仁呀！义呀！孝呀！几千年来，我们看到几个真孝、真仁、真义的人？孔子这里就讲出了这另一面：“臣弑其君”，部下叛变杀了主管的，“子弑其父”，儿子杀父亲的，春秋战国这类例子太多了，尤其是利害之间，兄弟姊妹之间，都是杀、抢之类的。“非一朝一夕之故”，不是突变来的，一个社会文化演变也是其来有自的。“其所由来者渐矣”，是渐进的，如同《易经》的法则，一爻一爻，慢慢变来的。根据孔子这个道理，看我们近六十多年的历史肇因，可推到近百年以前，或远推到清朝中叶，十九世纪开始。我们的社会一步一步演变到今天，对于今天的这个社会现象，有许多人看不惯，很难过，我觉得没有什么，这都是渐渐来的，不要怕，有时一个变动就变好了。“其道穷也”，现在已经差不多到这地步了，非回头不可。“由辨之不早辨也”，这是辩论的辩，也是辨别的辨，在家庭教育来讲，就是对一个孩子变坏，没有早看清楚；以历史来讲，就是不好好领导，不早辨别清楚，所以发生动乱，这也是讲历史哲学，也是社会史，也是文化发展史。譬如中国文化，为什么发展到现在一直要提倡自然科学？“其所由来者渐矣”，也是慢慢变来的，不要以为现在这个科学时代已到了顶点，但还是要变的，当然还有更新的科学时代出来。“易曰：履霜坚冰至，盖言顺也。”这就解释引用初六爻的话说，学了《易经》，脚踏在地上发现降霜了，就知道冷天快要来了。到了春天，立春以后，气候一暖，夏天的衣服亦要准备拿出来了，都有前因后果，这是中国文化主要的精神所在。

直内方外　四海一家

直其正也，方其义也。君子敬以直内，义以方外，敬义立而德不孤，直方大，不习无不利，则不疑其所行也。

这是孔子儒家的思想，把《易经》天文的法则拿来讲人事，做人修养的道理。所谓直就代表正，方代表义。中国人看相，以这个原则也蛮通的，说人的脸型，长的主仁，方的主义。“君子敬以直内”，内心修养绝对公正，自己内心得直，没有弯曲，不在肚子里耍鬼。“义以方外”，对外面，对人对事，一言为定，到处合宜，言而有信，规规矩矩，所以“敬义立而德不孤”，不要怕寂寞，不要怕倒霉，自然有自己的道理。“直方大，不习无不利。”孔子用这两句话解释这句爻辞，一个人只要有直、方、大三个字，公正、义气、仁爱，内方外圆，胸襟伟大，像大地一样，包涵一切，“则不疑其所行也”，天下人则同心一德了。

抬轿子

阴虽有美含之，以从王事，弗敢成也；地道也，妻道也，臣道也，地道无成而代有终也。

讲到第三爻“含章可贞”，刚才我的解释，也是根据孔子这个观念来的。“阴”就是太阴，月亮，“虽有美含之”，月亮的光明很美丽。人文方面“以从王事”就是臣道，为人臣的“弗敢成也”，成功不必在我，真正的大臣要做到“成功不在我”，这是臣道，是地道，是天地的法则。譬如抬轿子，也要好好抬，否则坐轿的倒下来，把抬轿的也压倒，坐轿的人亦要坐好，坐轿的翻起筋斗来，抬轿的也抬不好了，所以在什么地位，就干什么事，这是大地的法则。“妻道也”，等于当太太的，一定要管好丈夫，让丈夫都听话，这太太做得就太没有味道了，做太太听丈夫的才有味道。“地道无成而代有终也”，地道本身无成，但是不要以为本身无成就没有结果，成功不必在我，别人的成功，亦即是自己的成功。读历史大家都知道，历史上成功的人物，所有帮忙的、帮闲的也都留名了，老实说，如果旁边帮忙帮闲的人来干，恐怕成不了功，大家亦没有名了，都淘汰下去了，所以要找一个人坐轿子，慢慢抬他，蛮有意思的，抬到最后大家都成功了。

谨言慎行

天地变化，草木蕃，天地闭，贤人隐。易曰：括囊无咎无誉，盖言谨也。

这是第四爻的解释，宋朝的理学家们拼命说孔子是反对道家，反对隐士，我认为孔子不但不反对，而且还很赞成隐士，在《论语》上我们可以找到许多证据，在这里更可以看出来。孔子这里说："天地变化，草木蕃。"春天到了，气候调和，时运来了，草木都欣欣向荣；秋天来了，天地闭塞，万物凋零。那么，贤人、达人、君子碰到这样的时代，看看不对了，没有办法了，挽不回了，只好退下来，于是隐了。所以第四爻的爻辞"括囊无咎无誉"，自己把自己收起来，放在口袋里，就是黄石公的《素书》第二章最后的那句话"没身而已"的意思。时代不属于自己，机会不是自己的，自己一溜，同草木一样，大家都是如此，变成泥巴，到这个时候就是“括囊”，尽管一肚子学问，收起来放进口袋里，把袋口一收紧，“无咎无誉”，与世无干。为什么这样？讲话小心一点，古人的诗：“美人绝色原妖物，乱世多财是祸胎。”世人闯的祸胎都在这两个字上——财、色，历史上批评人，总不外这两个字。但是乱世多“才”也是祸根，那就要“括囊”，不然则赶紧找个老板抬抬轿子，不要乱闯，乱闯对社会国家都没有贡献的。

黄中通理——至高的人生境界

君子黄中通理，正位居体，美在其中，而畅于四支，发于事业，美之至也。

对六五爻的解释，这是后来的中庸思想，我曾经说过，《大学》思想出在乾卦，《中庸》思想就出在这里，这是我的专利。“黄中通理，正位居体。”这就是中庸之道。《中庸》第一章说：“致中和，天地位焉，万物育焉。”也就是孟子所说的养气，“我善养吾浩然之气……至大至刚，以直养而无害，充塞于天地之间。”就是这里来的。中国道家讲修道，欲修成神仙，必须打通任督二脉。要打通任督二脉，就先要“黄中通理”，这个“黄中”，抽象的是天地之中，具体的是人的内脏肠胃等一切都好，黄是中央的颜色，“理”不是道理的理，是中国医学上的“腠理”，就是皮肤毛孔。功夫做到了，修养够了的人，内部通了，外部亦通了，每个毛孔都通了，这个时候就是所谓天人合一的境界，到达身体来了，面上都有光彩，这时真美，充满了四肢，全身都畅通了。那么“内圣外王”，内在有了这样高的修养，如果有机会发到外面，发于事业，就内外合一、天人合一，美丽极了。

嫌于无阳

阴凝于阳必战，为其嫌于无阳也，故称龙焉；犹未离其类也，故称血焉，夫玄黄者，天地之杂也，天玄而地黄。

上六爻的解释，用的是倒装的文法，分析注解，坤卦是阴，为什么到了上爻是“龙战于野”？阴极于阳必战，等于一群女孩漂流到一个孤岛，几年不见男人，见到一个男人必抢。而战有争斗之象，因为坤卦一点阳都没有，到了第六爻阴极阳生，阳要来了，于是这时就战了。阴阳交战，所以称龙。龙是看不见的东西，隐隐约约来了，隐现变化无常，犹未离其类，因坤与乾是天地同类，所以亦称血，是血脉相承，天玄地黄，是指天地的颜色交杂起来了。

屯　卦

今日讲屯卦，屯卦是一个很好的卦，为艰难困苦中建立新气象的卦，同我们目前的国运正相关。

研究这个卦，亦使大家可以知道研究《周易》是怎样的方法。前面讲乾卦、坤卦，对于研究的方法，还是不大清楚。现在讲屯卦、蒙卦以后，对其他的卦就会比较晓得研究——限于《周易》本身的研究。

我们可以看出中国文化之祖的这部《易经》，不必要摆出一分神秘的面孔，但也不可以轻视它。《易经》原始是一本卜卦的书，后来加上文王、周公、孔子等的演进，把卜卦的作用，变成文化的道理。

屯的卦义

屯卦就是水雷屯，当研究一个卦的时候，就要会画这个卦，屯卦为水雷——䷂屯，上面一个坎——☵卦，下面是震——☳卦，上下卦亦可说是内外卦，内（下）卦是震卦，代表雷电，有雷鸣震动的现象，外（上）卦为坎，代表水。看到这个卦，就如一幅图案，假想是一个大海，内在的海心里面有雷电的震动，就是整个事实的现象，内在酝酿一个巨大的力量在变动、震动，这就是卦的现象，需要先了解它大概的现象。其次卦名是屯卦，屯卦的上卦为坎，代表水，下卦是震卦，代表雷，水雷屯。我们都知道“屯积居奇”这句成语，“屯”就是把货物存储在那里，古时仓库就叫“屯”。如《三国演义》中的记载，江东孙吴当时的经济——古代历史有一个大缺点，经济方面的事，根本不写，像作战时的经费从哪里来？历史上从来不谈，只有很少数的偶尔谈到——非常贫乏，正好遇到好人鲁肃家里很有钱，他就说经济方面并不困难，“鲁指屯”，鲁肃指着屯说，你们到我家里拿好了，我仓库的东西都可以搬去，就靠这一个帮忙，东吴政权的经济就建立起来了。这说明屯卦是仓库的代表，事实上古代的屯字是“’，其一横代表一画开天地，其一直一勾，是像草，草在地下生根而地面上只长出一点点，春天到了，冬天枯了的草，在地下生根，刚刚萌芽，这就是屯的现象。

现在我们先了解了屯卦的这些观念和意义，这是初步的了解，不要对它作高深的看，但亦不可把它看得太浮浅了。世界上最高深的学问都是平淡的，由平淡中可以找出真东西来，上面我们已经把屯卦平淡方面的意思解释了，现在再看它的卦文：

屯，元、亨、利、贞，勿用，有攸往，利建侯。

屯是一句，是卦名，“元、亨、利、贞”这是说卦德，这四个字代表了屯卦的卦德。以现代的观念说，这个卦的性能，包括了四个大的因素，这四个性能都是好的，“元、亨、利、贞”，在乾卦里用到，在其他的卦里不一定会用到。这四个方面，屯卦都占全了。这四个字的解释，在乾卦里面我们已经说过，在这里不再重复了。但要注意的是，乾卦的“元、亨、利、贞”是乾卦的代表，到了坤卦的利贞，还有附带条件，是利牝马之贞，那么这个屯卦又怎么可以和乾卦——宇宙的根源一样，并驾齐驱，等量齐观呢？屯何以会具备了“元、亨、利、贞”这样好的因素呢？我们就要追问了，于是发现屯卦是由乾卦变出来的，所以有这个性质，才有这个功能，等于中国人的古话说，“龙生龙，凤生凤，老鼠生儿打地洞”，事情是有来源的。屯卦一定是由乾卦变来的，那么看乾卦，乾卦的六爻是完整的阳爻，从乾到屯卦的演变过程，是外卦两爻在变，内卦也是两爻在变，内部外表都在变，如一枚橘子内部开始在腐烂了，或者一粒种子里面开始在生芽了，这是内部的变，外卦中心不动。可是外面的环境，上下都在变，需要变，不得不变，等于一件事情，内在必须要变，不变不能生存，外在的环境要变，可是中心不变，我们要从这一方面来看屯卦，就知道和乾卦有关系。

我们如心有所疑，不能决定，求之于鬼神、求之于人都解决不了，只好求之于卦的时候，这个屯卦的卦象，在周文王的判断："勿用，有攸往，利建侯。"这一个解释，问题在"勿用"两个字，前面乾卦中曾经讲到"勿用"两个字，并不是不可用、不能用、不应该用，不是绝对的否定，是很活动的不要用，暂时摆在这里，是有作用而不要去用。如个人的事业，有一个机会，可是不必去打主意，如果主动去打主意，反而要出毛病的，等这机会自动地来到时再动。但是"有攸往"有所往，有一条路在前面，有很好的光明远景，最有利于建立诸侯。"利建侯"是中国古代文化，中国古代的建侯，就是地方封建，建立诸侯去创业。假使做生意，将来可以变成大生意，创出事业，乃至扩大范围，设立分公司，这是文王对屯卦的解释。

屯卦的创业精神

彖曰：屯，刚柔始交而难生。动乎险中，大亨贞。雷雨之动满盈，天造草昧，宜建侯而不宁。

这是孔子对屯卦的研究，都是好话。假使做事业问运气，好运来了，这里有一个哲学，天下的事情，当好事来的时候，都有困难，不经过困难而成功的，绝对不是好事，轻易得到的，很快就会失去，这就告诉我们一件真正成功的事业，没有不是经过困难来的。看孔子讲："彖曰：屯，刚柔始交而难生。"这个屯卦是刚柔始交之象，刚与柔是绝对相反的，是矛盾的，这内卦震为雷，雷电是阳刚之气，坎卦为水，是柔，一刚一柔，正在矛盾相交，虽然矛盾，但矛盾中往往产生新的东西，这是必然的法则。所以刚柔两个刚刚开始交，等于男女谈恋爱，在开始交往的时候，中间有很多的困难，或者一份事业，交一个朋友，个性不同，当中会有极大的困难。透过“刚柔始交而难生”这句话，可以了解很多做人做事的道理，一件好事的产生，并不那么简单，大而言之，一个好的历史局面的完成很不简单，譬如革命的完全成功，也就“刚柔始交而难生”，真不知道要经过多少艰难困苦。

为什么孔子如此说？他继作解释：“动乎险中。”这个卦的动爻，动得很险。如果讲革命，这真是一个革命的卦了，因为新开创一个事业，动起来是动在危险当中。从象上来看，如在海底，要用力冲上来，冲破上面巨大的压力是十分困难的，但是人没有危险在前面，是不会努力的，有困难、有危险，则反而促成人努力争取成功，动乎险中，才会加倍努力，亦特别谨慎小心，大意了一定出毛病。所以文王解释这个卦是大亨，大吉大利，但是要贞，要坚定地走正路，在危险当中动，走歪路就不对了。

这个卦代表的现象是在大雷雨中，下面在打雷，雷上在下大雨，在高山顶或在飞机上可以看到，下面是一大片乌云，正在下雨，而乌云的下面闪光，就是雷电，就是屯卦的现象。雷雨之动满盈，满山满野，满坑满谷，都是水，这代表了地球人类历史的开创，如大禹治水以前，开天辟地的时候，到处都是荒芜，没有文明，昏天黑地，因为这样没有开创的基业，欲开创，宜于建侯，但永远不宁。这就更了解了一个人生哲学，一个人不管在哪里做事业，欲想成功，永远是不宁的，欲享福而事业成功，这是不可能的，如果想有所建立，那是永远不能安宁的。人都想功名富贵，想成功，又想留万世之名，又最好不要劳累，这是办不到的。只有苏东坡这位绝顶聪明的人，有过这样的妄想。他因为自己太聪明了，一生在政治上都遭遇到挫折，所以作了一首诗："人皆养子望聪明，我被聪明误一生。惟愿孩儿愚且鲁，无灾无难到公卿。"他前面三句讲得蛮有道理，最后一句又吃亏了，又太聪明了，天下哪有这种事情？有一个故事，一个人一生做好事，死后阎王判他还是到世间做人，可是投胎做人时要成为怎样一个人呢？阎王让他自己决定，于是他说他只希望："千亩良田丘丘水，十房妻妾个个美。父为宰相子封侯，我在堂前翘起腿。"阎王听了以后，站起来说："老兄！世间如有这种事，你做阎王我做你。"由这个故事再看《易经》，就了解人生，凡有所建树，一生永远都在劳累，"宜建侯而不宁"，这就是开创事业的现象。

象曰：云雷，屯，君子以经纶。

《象辞》说䷂屯卦这个图案画的现象，代表云、雷，屯。可以请画家画一幅很好的屯卦的现象，但要注意，屯卦明明白白是水雷屯，为什么到了《象辞》里，硬改成"云"雷屯？因为云里有水，而坎卦的性质是水，代表有大的力量，这种现象，则"君子以经纶"，君子是儒家对于一个有道德、学问、志气、修养等的人的称呼，所以一个这样的君子，就不怕昏天黑地、四顾茫茫的环境，要打破天地所给压迫的环境，打破人事所给的压迫环境，自己要干出来，这是人为的现象，所以人要效法这种精神去经纶。"经纶"一词是从《易经》这里来的，包括了经营、创业、管理许多意义，如织布一样，直的丝为经，横的丝为纶，亦即纵横。所以《象辞》告诉我们，看了屯卦的卦象，就要效法它的精神，如何直的、横的，乃至于圆周的，四面八方去创业经营。

卦辞、《彖辞》《象辞》都容易解释，如再详细发挥，各人的说法就不同了，古人的说法也不一定都了不起。古人对《易经》著了那么许多书，各家有各家的说法，不能说哪一家对或不对，我亦有我的说法，大家以自己的学识修养，也可以写一本自己的看法。乃至就屯卦的《彖辞》或《象辞》，就可以写一本很好的创业哲学的书，以开创事业来解释《易经》屯卦。做生意的人亦可根据屯卦的道理，写一部关于工商管理的《易经》著作，行政管理、报业管理都可以写，写下来就是《易经》的解释，就是这么回事！看多了哈哈一笑，反正你说你的，我说我的。

下面爻辞，看来颇为讨厌，可是前面我研究了学《易》的方法，知道《易经》并不是那么艰涩和难懂，介绍给大家方法，以后照着去研究，差不多在这一套法则上都可以走得通的。

站稳脚跟　待机而动

初九，磐桓，利居贞，利建侯。象曰：虽磐桓，志行正也，以贵下贱，大得民也。

屯卦的第一爻，为阳爻，假如卜卦这一爻是动爻，又假如卜卦的目的是问为了创一个事业，那么他是“磐桓，利居贞，利建侯”，亦都不错，做生意将来一定发财。再看下去《象辞》，孔子看这个卦所说的，这是一个新的政治局面开创的大卦，看文字就懂了。现在再加以进一步研究，什么叫“磐桓”？现在的文字，一句或几句合起来是一个思想，古代的文字，一个字代表了好几个观念。磐是大石头，桓是草木，这个现象，是一块大石头压在土地上，这土地就不能利用了，但土地的草木怎么办？从石头的旁边长出来了。桓则是草木虬结的现象，这样的草木从压着的大石旁长出，就是磐桓的现象。后来在文学上描述老朋友见面，陪着玩几天，就说“磐桓几日”，就是表示友情虬结不清，逗留一番。在这里是说初九这一个阳爻，代表生命的生发之根在下面，上面虽有那么多阴爻像大石头一样压在上面，可是这个要生发的根，永远是压不住的，终于要磐桓出来，这种现象是好事情，可是需要时间，需要等待，不可急。利居贞的居，就代表站稳在那里，慢慢地等待，很正地等待，不能动歪脑筋，不能走邪路，等到石头外面的草木成林了，变成观光石头，可以供游人野餐了，更大一点的利用了。所以孔子说，虽然是虬结不清，但以整个卦象来讲，中心思想是纯正的，行为是纯正的，那便没有问题，不正就成问题了。但是如果这个卦象以人生政治的道理来讲，以贵下贱，这是很难做到的。中国历史上做领导人的有四个字，“礼贤下士”，对人有礼而谦下，向不如己的人请教，就自然得到群众的拥护，自然得到老百姓的拥护，大得民心。何以叫“以贵下贱”？在《系传》里讲过，阳卦多阴，阴卦多阳，这个屯卦是阴爻多，阳爻少，只有两爻，物以稀为贵，而这个时候，最怕傲慢，所以说建侯的事业、革命的事业，要以贵下贱，便大得民也。这是孔子的《象辞》，对文王爻辞所作更进一步的解释。

屯如 邅如 前程茫茫

> 六二，屯如邅如，乘马班如，匪寇，婚媾，女子贞不字，十年乃字。象曰：六二之难，乘刚也，十年乃字，反常也。

这些文字更难解释了，不晓得说些什么。小时读《易经》，遇到这些地方，简直想把它烧掉。照文字表面看，“屯如”——屯就屯，下面放个如字干什么？“邅如”——在抖动？“乘马班如”——骑了一匹斑马？“匪寇”——土匪来抢了？“婚媾”——土匪来抢亲？“女子贞不字”——这个被抢走的女人硬不答应他？“十年乃字”——等过了十年，总算被他感动了，嫁给他了？这是一部抢婚强盗小说了，这些到底是什么鬼话？而且根据什么来说的？又不是在城隍庙前摸骨：“先生命好，长的是猴骨。”花了两百元还被骂成猴子。我们再看孔子怎么说法：

“象曰：六二之难，乘刚也。”六二这爻是有困难的，在困难中成功。“十年乃字，反常也。”十年嫁人是反常，这也不通。以现代的情形来说，大学里的女同学，一排一排地坐在那里读博士，还没有嫁人，如果照《易经》这里说来是“反常也”，那么正常的该几时出嫁？照过去在大陆看到女孩子十四岁就出嫁，男孩子十六岁就结婚，是平常的事，难道二十五岁不嫁就反常吗？这是没有标准的，那么到底讲些什么？如果是国文老师，看到学生写出这样的文章，一定用红笔批上“不通”两字，是要给零分的。

现在我们研究《易经》的道理，慢慢看六二，屯卦的第二爻，这就要看整个卦的图案了。第二爻的下面初爻是阳爻，上面是阴爻，在前面一排都是阴爻，或者勾画一个图画，前面是成列的森林，后面阳爻是一部开山机，欲向前推动，在这情形之下，仔细一看，便发现文章写得很好了。“屯如”，如是“像那个样子”，是白话文中的“似的”意思。如“胖了一些似的”“瘦了一些似的”等等。“屯如”就是“屯积在那里似的”，“邅如”即“好像有一条很绵长的道路要我们去走似的”。“乘马班如”，佛教中有大乘小乘之分，这个乘字在梵文中，原来是车的意思，西方译成英文就是车字，一点味道都没有，工具改了，将来岂不要译成大飞机、小飞机？还是中国人高明，译成乘字，乘车、乘船、乘马、乘飞机、乘太空船都可以，是人乘着交通工具，于是把真正的意义表达出来了。

这里说乘马，为什么说乘马，不说乘车或乘牛？在《说卦传》中说，震卦为雷的符号，而在动物中，震也是马的符号，屯卦的内卦为震卦，所以进一步到了第二爻为乘马。孔子亦在《象辞》中解说“乘刚也”，因为在下面初爻为阳爻的力量在推动，阳为刚，是乘马。至于“班如”这两个字就讨厌了，看了古人好多家的解释，改成斑点的斑，说了很多，非常啰嗦，其实班如就是班如，前面一排阴爻，就和站班似的，又何必乱加解释？所以我常常感叹，有人做学问一辈子，变成书呆子，书呆子者，废物之别名也。实际上这种古书，只要研究它本身的文字，不必多加注解，千万不要改为斑点的斑而成为斑马，我们中国古时是没有斑马的，不要搞错了。“匪寇，婚媾”，又哪里来的一个土匪？而且还要抢亲？照古人的解释多得很，越解释越糊涂，要变成神经病的。我们在本卦上看，《易经》明明告诉了我们，并不需要我们去作那么多的解释，从本卦上看，只要把阴阳的道理抓住，知道它是一种影射的、象征性的比方，就知道匪寇的来历。因为初九以后，都是阴爻，到了第五爻有不正之象，为什么说婚媾？因为交互卦的内卦，变成了坤卦，坤者纯阴属女，乾卦属男的，这个图案上就看到，在半路上第五爻跑出一个小人要抢婚，坤卦代表女子，这个卦本来是两个男人，在很多女性的中间，其中一个看到女子就抢，可是这个女子本性坚贞，因为坤卦本身虽然是阴性，但至中至正，所以不字。

这个“字”，在古代的《易经》，不是“字”而是“孕”，我看了很多古代的《易经》，认为“不字”应该是“不孕”，后来印错了，便将错就错成“贞不字”。字是解作出嫁的意思，如真研究古礼的话，字的意思并不是出嫁，而是定婚为字，所谓男娶女婚，婚才是出嫁，所以这里该是贞不孕，十年乃孕，是十年之中不怀孕的现象。因为这里都是阴爻，中心没有东西，所以用女人怀孕，另一个新生命产生的道理来说明，十年以后才怀孕，所以孔子说反常。孔子说反常是有一个道理的，不能说没有道理，因为孔子研究过，“六二之难”，不要忘记研究这个卦的本身，人生步步有艰难，六二的艰难是乘刚也，后面有刚，等于在西门町，前面有六个女的像排班一样在走路，后面有个太保在追，十年乃孕反常也。

推开孕与不孕的问题不说，只讲这一段文字就有很多的人生哲学，这又是另一个观念，所以做学问要有自己的智慧，东方文化的教育，不是教人认识一件事情而已。西方现在讲启发教育是最新的教育，其实我们中国人几千年来都是这一套启发教育，古今中外都是一样，都是启发的，没有教人把知识灌进去的，这里就启发自己有很多人生哲学的道理。譬如“屯如邅如”，每个人的人生都是这四个字，人生的起步都很难，谁能够知道自己的人生前途？每个人生都是处境艰难，而前途茫茫，不知所以。“乘马班如”，得意的时候，风云际会，“匪寇，婚媾”，到处都会吃亏、上当、受骗，所以“女子贞不孕”，人要像女人守贞节一样，自己要站得正，有时候一等待，十年不嫁。所以孔子说“六二之难，乘刚也”，要至刚、至中、至正，从这些可以看到另一面的东西。

以后的卦研究起来，都是很麻烦的。

穷寇勿追　见机而作

六三，即鹿无虞，惟入于林中，君子几，不如舍，往吝。象曰：即鹿无虞，以从禽也，君子舍之，往吝，穷也。

这个卦讲到这里又不同了，又像武侠小说了。先就字面上解释，“即”是半虚半实的字，鹿是头上有角的兽，这是大家都知道的，有些后来的《易经》，说这个字是山麓的“麓”，说是山脚下的一排森林，好多家都在争论这个字。虞，是古代的官名，虞人是农林部的管理员，近似现代美国的天然动物公园的园长，或农林畜牧厅长。这里叙述的，等于一幅打猎的画面，一队猎人到了山边，有一排森林。我们中国武侠小说常写道：“逢林不入，穷寇莫追。”追敌人追到树林里了，不要追进去，恐怕里边有埋伏。这里是说打猎到了山脚的树林边，没有山林管理员带路，不能追进去。“君子几”，有知识的人碰到这种情形，自己要有智慧，要机警了，不要硬闯，钻进去了说不定要送命。“几”像电器开关，一进一退，要在一念之间下判断，所以要“舍”，不要进去了。“往吝”，如果进去了，一定倒霉。

据我的研究，还是“鹿”字对，何必加一个“林”在上面？就是打猎，看到一只鹿，拼命追到山边，钻进一个树林中去了，何必加上一个“林”字，自找麻烦。“即”就是追赶，“即鹿”就是追赶鹿，赶到一个地方，像部队作战一样，地物地形一点都不熟，没有向导，结果这一只鹿钻到树林里了，这个情况更不利，与其这样，就应该知机警惕，不如放弃它。这就告诉我们，在人生中看到一个猎物，本来可以拿到的，可是只差那么一点点就拿不到，而这一机会跑掉了，情况不明，如果还拼命去抓，不必用《易经》的道理，不必靠周公、文王、孔子，不必靠鬼神，一个有智慧的人就知道它的后果，勉强地前进，最后便很难说了。吝就是悭吝，不是好现象，艰难困苦都来了。我们看这个卦象，前进是阴爻，黑暗的；退回来有阳爻，是光明，这就是孔子在乾卦中告诉我们的，人生最大的哲学，是在“存亡”“进退”“得失”这六个字。一个最高明的人，就是在这六个字上做得最适当，整个历史的演进也是在这六个字之间，该进的时候进，该退的时候退，如果在这些地方搞不清楚，就太没有智慧，太不懂人生，亦太不懂做事了。

照上面我们的观念来看孔子的《象辞》，便完全通了。“即鹿无虞，以从禽也”，就是打鹿没有向导。“以从禽也”，飞的为禽，走的为兽，中国文字并不是呆板的，古文里“禽”与“擒”有时候固然通用，但古人硬把这里的“禽”字解释为“擒”的意义，在此并不十分恰当的，禽就是禽。“以从禽也”，让它飞掉，不是很简单吗？又何必著书立说，硬讨论一番！为了这一个字，用几百字的文章加以注解，可以拿博士学位，东抄西拉的，千古名言，由孔子说起，说到将来的世界，都抄上去了，这样似乎教人不忍心不给他学位；但如果真给了他学位，又觉得对不起上帝，因为这些说法太不像话了。为什么不好好做人，偏偏要找这么一个东西去分析？这也太可怜了，像这样的著作太多了。

这里我认为“以从禽也”就是让它飞了的意思，因为孔子说过“鸟兽不可以同群”，欲高飞的让它高飞，欲奔走的给它奔走。我是一个人，既不想高飞远走，只守住人的本位这么做，这是孔子在《论语》上说过的，把那个观念和这里一配，就很简单。“君子舍之，往吝，穷也”，孔子说碰到这种情形，只好放弃，勉强地前进一定不好，结果弄到自己穷途末路。我们见到许多朋友做生意、做事业，往往因为不信邪，非要奋斗不可，其实没有道理的硬闯不叫作奋斗，最后“往吝”，发生困难，困难以后，还不回头，遂造成了穷途末路。

风云际会　万事随心

六四，乘马班如，求婚媾，往吉，无不利。象曰：求而往，明也。

六四爻到外卦来了，“乘马班如”，已经解释过了。“求婚媾，往吉，无不利。”这就是《易经》告诉我们，六爻是人生的六个阶段，在某一阶段遇到的现象要倒霉，在某一个环境里会发了财。是得志？是倒霉？到了另一阶段时，都有所改变而不同；如果到了天理、人情、国法都相合的情形下，便大吉大利了。“乘马班如”，这里也是骑马，而且班如，后面还有一群人跟着，这样的派头去求婚，一定成功，没有不好的，因为到了这一爻，前面是阳爻，光明摆在前面，这个时候可不能退后了。那么孔子在《象辞》中说，“求而往，明也”，前面是阳爻，光明在望，阴阳相合，所以有婚姻在动的现象。这是解释这一爻的好处，最好用男女结婚来比方，如果以人事来比方，便是与长官意志相投，就是这种现象，无往而不利！但也不要呆板地看成只是结婚的现象，因为阴阳的相合，最好的比方就是人生男女的结合。

人情练达与食古不化

> 九五，屯其膏，小贞吉，大贞凶。象曰：屯其膏，施未光也。

这里又是一个画面，如作字面上讲，“屯其膏”就是囤积原油。“小贞吉”，不过不大发财，稍稍赚一点。“大贞凶”，囤积多了犯法。假如在街上摆一个卜卦摊，作这样的解释也通，但真正研究《易经》，则不是这样。膏是脂膏，屯亦可以说是囤积，也是草。屯卦本身就是草木萌芽的现象，草木到了第五爻，已经长大了，显得又光滑又茁壮，但是还不是大成功，看《易经》要注意，凡大吉大利，一定有个贞字，要走正路，不走正路，终于要亡的！天地间没有真正的大吉大利。六十四卦都要人走正路，摆得正，走得正，则样样好，偏差了终归出毛病，所以小吉中间还要贞——正；但“大贞凶”，这里问题又来了，难道大正就不对了？什么都死死板板的很正，像学理学的人，在这个时代还是言行呆呆板板，矫枉过正，并不是好事，所以大贞则凶，也就是说人生要通达，不通达就不对了，演什么角色就是什么角色，干文化事业就是文化事业，做生意就是商人，不知道变则是大贞凶。所以《象辞》说："屯其膏，施未光也。"是说第五爻的阳爻，在外卦的正中，前后都是阴爻，还露不出头，等于点火的膏脂，还囤积在那里，还没有放出光明来。这也是一个人生现象，好比上面被一个东西压住了，自己的理想、计划，不能实现，或如一个幕僚长，有很好的抱负，可是他的长官硬是说不通，亦只好"屯其膏"了。

泣血涟如　不可长也

上六，乘马班如，泣血涟如。象曰：泣血涟如，何可长也！

要注意的是，这个卦里有三次骑马，而且骑马都带领了一批马队，阔气得很，可是这次很惨了，哭了，不到伤心不泪流，一定碰到伤心的事情才哭了，哭到最后，眼泪都干了，哭出血来了，而且是连绵不断的“涟如”。我们研究一下，“乘马班如”已经讲过，大家都懂了，那么这个“血”从哪里来的？“坎为血”（《说卦传》：坎“为血卦”），自坎卦来的，连着下面，连绵不断的阴爻下来，这一爻到了卦的尽头了，假使卜卦动爻在屯卦上六这一爻，任何事情都不能做，如果硬做，有痛哭流涕的现象，还要泣血，还要受伤。《象辞》说：“何可长也。”万事不能成功，不能长久。

研究《易经》大概是这样的方式。

这里还有一个大问题：前面要大家背诵《易经》六十四卦的次序是：乾为天，天风姤，天山遁的分宫卦象次序，一直到雷泽归妹为止。可是《周易》的卦序，并没有照分宫卦排列，为什么作乾、坤、屯、蒙、需、讼、师、比、小畜、履、泰、否……这样的排列，而以“未济”一卦放在最后？这是什么道理？到现在还没有得到令人满意的答案。看完了古今的著作，都各有一套理由解释，但仔细一看，都不能满意。孔老夫子在《序卦传》里亦有他的一套解释，我们对孔老夫子的解释很敬重，敬仰他解释得对，但是我还是没有同意，夫子是夫子，我还是我，因为理由不充足。我老实告诉大家，关于《周易》的次序，为什么要这样排列？古今人物的解释，我都没有同意，现在正在找它的原因，向各方面寻找，这是《易经》上的一个大问题呀！

对于《周易》卦序的排列，希望大家对于《上下经卦名次序歌》熟读，更希望大家动脑筋找出它作如此排列的理由来。

蒙　卦

屯卦的后面接着是蒙卦，这是怎么来的呢？我们把水雷屯卦倒过来看，就变成了山水蒙卦。蒙卦是屯卦的综卦，在开始的时候，即曾要求大家特别注意，要懂得综卦。《易经》告诉我们要客观，天下事立场不同，观点就两样，现象亦就变了，这是《易经》告诉我们大哲学的道理。近几年有人用黑格尔的逻辑——正反合来讲《易经》，我告诉他们不要闹笑话，黑格尔的正反合，怎么够得上来谈中国《易经》呢？那不过是以三段来看事情，中国《易经》是八面玲珑，看八方十面的，如屯、蒙两卦，就已经一正一倒是两段了，屯卦的错卦，为火风鼎卦，又是另一个现象，它的交互卦，是剥卦，又是一个现象，而且还可以再交互下去。所以要把这许多道理了解后，才可以研究《易经》八卦，如果连这些道理都马虎过去，就没有办法来研究卦了，等于前面说的："君子几，不如舍。"还是聪明一点吧！不如退下来，不必再去研究了。

蒙卦在中国文化中，向来把它用在教育方面，现在小孩初入学是进托儿所，进幼稚园，以前则叫作"启蒙"，也叫作"发蒙"，小孩读书的地方叫"蒙馆"，就是由此来的。这个蒙卦是教育的卦，因为根据《易经》的内容所说，教育上常常用到，还有司法上用到蒙卦，中国过去司法、刑法，都是属于礼的范围，中国人的司法，法律哲学的最高点是在蒙卦里，也就是教育，而并不是摆杀人的威风。所以站在中国文化的立场，一个执法的人，判决一个人去服刑，在位的人都要感觉难过，认为自己的教育工作做得不够，是自己的责任，没有完成教育的任务，才使他愚昧不懂而犯法，所以古代司法的道理，同教育连在一起，这些也都在蒙卦里边。

我们知道蒙卦是水雷屯卦的综卦，水雷屯卦倒过来看就是山水蒙卦。任何一卦，从这面看了，亦要从那一面看，我们学了《易经》，对这一点要特别的注意，处理任何事情，对任何一个人，要多方面地看，不要太主观，没有那么简单的，对于相反的立场需要搞清楚，正如屯卦，翻过来就成了蒙卦。

蒙卦的来源我们知道了，如果我们卜卦时卜到蒙卦，好不好？卦辞说：

> 蒙，亨。匪我求童蒙，童蒙求我，初筮告，再三渎，渎则不告，利贞。

“亨”，是好的，以“亨”开始，下面最后有两个，“利、贞”。乾坤两卦有四个性能“元、亨、利、贞”，都是好的，到蒙卦的时候，好的成分只有三个了，而且是很痛苦的好。

由宗教而教化人生

这个卦辞，以现代观念从字面上看，不知道它乱七八糟说了些什么。大家对于《易经》的观念，一种是很神圣的看法，一种是很讨厌的看法，总之都不知道它说些什么。现在我们要把握住一个原则，这是我们上古文化，人生不可知的那一面——任何一个人，无论智慧怎样高，对于宇宙不可知的一面始终不懂，譬如说，我明天吃几碗饭，我亦不知道，你亦不知道，我们希望知道未来究竟是怎么一回事，于是古今中外，就有许多方法。《易经》原来是研究卜卦，透过了这个方法而得到先知，的确有这回事。后来人文文化的发展，到周公、孔子以后，透过了这个卜卦的神秘色彩，加进去人生哲学的道理，结果这两样东西分不清楚了。所以《易经》不像西方文化，老实说外国任何宗教，不管佛教、基督教、伊斯兰教，他们的教主并不跟人讲道理，只是教人盲目地信。中华文化的《易经》，也是从宗教的性质来的，后来却要讲道理，不盲目地信，因此这些加起来的东西，现在我们看起来头痛，它说这个卦是好的，怎么个好？它下面把道理讲给我们听。

那么它说，这个蒙卦的现象，不是我求童蒙——例如办幼稚园，教育的性质，不是我为了学费，像拉生意一样，把你家的小孩弄来，而是小孩来求我教育他。如果仔细研究这两句话，看这个卦所表现的状态就知道了。山水蒙，蒙卦上面是山，下面是水：早晨水蒸气上来，一片大雾茫茫，前路看不见，如小孩子一样，走在路上，找不到前途，想找一个老前辈问问路，指引迷津，于是把这个状况变成教育的目的，亦变成政治的目的。不是我去找他，而是对方来找我，但是有一个条件，像求神拜佛卜卦一样，要很诚恳，最初来问的时候，就告诉了答案，如果告诉的答案不相信，又一次两次三次再问，这就是亵渎——开玩笑了，既然是开玩笑的态度，就不答复了。透过这些话，就看出一个道理，人要至诚，对待人也是一样，当我们第一次很诚恳向人请教时，一定得到答复，如果故意开玩笑地去问人，一定得相反的效果。所以宗教的精神也好，长官部下的相待也好，朋友相处也好，家庭相处也好，都应该是这种精神，所以中庸之道讲究诚。最后结论说这个卦是好的——利贞。可是这利贞是怎样来的？是要最诚恳，不要开玩笑。当我们以谦虚的精神，像小孩子去找老师求教一样的诚恳端庄，这就亨通、有利，这样看起来，不必要卜卦了，以谦虚的精神、诚恳的态度去做人做事，又何必去求菩萨呢？所以《易经》是透过宗教的迷信性质，来告诉人生的道理。

中国文化的教育精神

象曰：蒙，山下有险，险而止，蒙。

这要有智慧，有险的地方要止步，不要再乱闯，如果还不信邪，不止步，只有死路一条，这是蒙卦的现象。

蒙，亨，以亨行时中也。匪我求童蒙，童蒙求我，志应也。初筮告，以刚中也。再三渎，渎则不告，渎蒙也。蒙以养正，圣功也。

孔子解释上面的卦辞说：卜到蒙卦是亨通的，因为行为思想，把握了时间，得其中道，不偏，自然亨通。这个卦为什么是“行时中也”？因为阳卦多阴，阴卦多阳，这个蒙卦是阳卦，六爻中只有两阳爻，以男女为喻，一群女孩中，只有两个男子，其中一个上九是老头，另一个是九二爻，还很年轻，又得其中，正在坎卦的中爻，像二十几岁的青年，最剽悍的时候，而且亦得其位。位就是空间。《易经》告诉我们，任何东西得其时，得其位，当然是亨通的。至于“匪我求童蒙，童蒙求我”，孔子说是“志应也”，意志、思想、感情相通。从卦象上看，上下交互相联都是好的，所以上下相通是好的。“初筮告，以刚中也。”初筮告，是因为下卦坎卦的阳爻得其中，阳刚得中，诚诚恳恳，爽朗、坦白，当然得到答案。“再三渎，渎则不告”，把九二爻另外放到任何位置都不对，最后孔子作结论：“蒙以养正，圣功也。”中国文化的教育思想、政治思想，都取用这个蒙卦。所以中国古代的教育，以人格的教育为主。现在不同了，现在是生活的教育、技术的教育，古代教育的目的在“养正”——完成一个人格，这是圣人的事业，是一种功德，不是今日动辄讲“价值”所可比拟的了。

中国文化的教育哲学思想，蒙卦里包含了很多，但不是全体，而且蒙卦的教育思想哲学，不属于现代教育思想哲学的狭窄范围以内。中国文化蒙卦的教育思想，包括政治也是教育，中国古代是政教不分的，作之君，作之亲，作之师，这就是政教不分的道理。全国的领导人就是大家长，就有教育全民的责任，这是中国古代观念的一个重点。尤其在蒙卦中还看到，中国古代不但政教不分，而且还包括了现代的法治，就是所谓“刑教”，包括了法律的管理，刑教不分。譬如犯了法判罪，罪有轻重，在《易经》蒙卦的思想，判刑也是一种教育，如家里孩子犯了错，只好责打几下，这也就是“蒙以养正”的《彖辞》观念。

行到有功方为德

象曰：山下出泉，蒙，君子以果行育德。

这个卦的现象，上面是艮卦，下面是坎卦，如勉强用图画来解释，上面是高山，下面是湖水。至于蒙，如杭州的西湖，或者湖南的洞庭湖，早晨起来，一片水蒸气上来，蒙蒙的把山都遮住了，这就是蒙的现象。这是物理世界的自然现象，以这样来看蒙卦，就叫作“象”。这里《象辞》不说湖沼，说山下出泉，泉水从地下冒上来，我们研究卦象，先暂不看卦，而在脑中构成一个景象，山水蒙，那么景象是一个山，下面出水，透过这个现象，对人文文化得了一个概念，效法这个卦的精神——果行、育德——这是两个观念，行为要有好的成果，言行一致，知行合一，行为要有结果为果行。读书人经常说

“救国救民”“为天地立心，为生民立命”，只讲理论不行，要问有没有做，有没有事功，没有则不算果行。那么蒙卦的果行是什么？是育德，教育，养育，对于人，对于万物，要施给，养育得到成果。上古时“德者得也”，德字的意思也是好的成果，就是透过这个卦象，牵到人文文化上来，人要效法蒙卦的精神，做到“果行育德”，如大禹治水，就是果行育德。

这个人文思想和这个卦象有什么关系？这是三代以后把这种人文思想套上去的，因此山高水深、源远流长、饮水思源等都是从这观念来的。

《象辞》与《彖辞》比较，则又完全是两回事，这中间就有考据问题了；不管考据，也是两个不同意义，或者深度不同的两重意义。

再看爻辞，并没有一个系列，不是一个系统。历来对《易经》的注解，都以“《易经》是对的”观念为前提，即使《易经》上解释不清楚，也想尽办法找理由附会上去。

刑法与教育功能

初六，发蒙，利用刑人，用说桎梏，以往吝。

就是刑教、刑法。“发蒙”这两个字，很有道理，因为山下有水，凡有水就有水蒸气，接下来“利用刑人”，不知扯到哪里去了？这个现象是拿来讲政治法律的道理。人犯了错，没有办法教化，只好用刑。这个“利用刑人”的“利用”一词，不是现代观念的“利用”，现在说“利用某人”是一句很坏的话，至少在道德上犯了罪。在《易经》上常有“利用”这两个字，并不是坏意，这两个字要分开，《易经》上的“利用”，意思是用得对人有利。如“利用刑人”，是说用刑法不一定是一件好事，但是有利。因为人类中有些人不听好的教化，打他一顿就听了，但是与第一爻的发蒙有什么关系呢？当然古人的解释，拼命设法拉关系，我们不去管古人的注解，先看原文："用说桎梏。""说"也是《论语》"不亦说乎"一样"悦"的意思，人受了桎梏，还有什么快活？因为这是教化，就是蒙以养正，犯了罪受惩罚后，教化过来了，就是很高兴的事。"以往吝"，卜到这个卦，是倒霉的，不必去做了。

蒙卦一推到人文文化上来，变成了这样，这个爻辞是文王作的，在当时和现在庙里的签诗一样。这个现象是一个人在中间，上下都是困难，都是阴，到了二爻上去是震发、开发的现象，再往前，处处都是坷坷坎坎，不顺利，因此爻辞是这样一个说法。如详细研究，要看焦赣作的《易林》。后来假借邵康节作的《河洛理数》的卦辞，他所讲的这一爻，不用这个东西，所以古人很高明，推翻了《周易》，自己独创一格。据我的研究，他们早有发现，这个卦的爻辞，作什么解释，都有理由，但是古人对于圣人，一辈子很恭敬，不敢说一句反对的话，因此只有自己创作，但也是根据《周易》的系统来，可是解释不同。大家拼命在讲易学，其中有没有改革的创作，大家都没有注意到。

象曰：利用刑人，以正法也。

唐宋以后，将犯人拿去杀头，执行死刑叫作“正法”，这个名词是从《易经》这里来的，但是这里的“正法”并不是指杀头处死刑。正是正，法是法，当人有不对的地方，犯了错的时候，应该处罚的则处罚，以法来纠正人的错误，是教育的意思，同蒙卦本身的原理并没有错。蒙卦的现象，用来站在教育的立场来讲刑法就叫作“利用刑人”，是使人得正的方法。这是蒙卦第一爻，来得那么凶，等于以刑法治世，主张法治的精神。如果断章取义说蒙卦初爻主张以法治天下，没有错，但就整个卦来说，问题就大了。到第二爻说法又变了，又是一个理论系统。

易理的平淡与神秘

九二，包蒙，吉，纳妇吉，子克家。象曰：子克家，刚柔接也。

如果卜卦卜到这一爻，就大吉大利，是讨老婆的好卦，不但讨到好老婆，而且生得好儿子，将来大振家声，前途无量，后福无穷，就是这样好，这和上面第一爻刚刚相反。当然这一爻是阳爻，代表男性，前面四个阴爻，有四个女的等他，自然讨到好老婆，就是这么个道理。说《易经》是大学问，其实就像小孩玩耍，但是世界上最神秘的学问，都是小孩子在玩的。我发现一个道理，任何人的一生，没有离开他幼年幻想的范围，如周岁的小儿，在一堆玩具中喜欢取刀，长大则为武人，或说这是迷信，但剥开迷信的外衣，其中有高深的学理，这是下意识地表现了他的禀性。总之，最高深的学理，都是小儿玩的，佛学里对于世界上的学问称为“戏论”——儿戏之论。假使从这个观点看《易经》，亦只是“戏论”而已。所以我们研究学问，亦并不需要“高推圣境”，对圣人的东西先把他崇拜起来，然后从那崇拜的路上，自己蒙蔽了自己的智慧，硬往那里凑，就划不来。研究这些东西，头脑科学，不崇拜古人，也不轻视古人。如蒙卦的“包蒙”，这里内卦为坎卦，在后天卦里，离卦是阳性，坎卦是阴性，如以阳卦多阴而论，坎卦又为中男，前面又有许多阴爻在，包蒙就是阳爻被包在阴爻里，所以吉。子克家，因为是中男，《象辞》是解释“子克家”这句话，因为是刚柔相接，阴阳相合。另外一说，是用交互卦的接法，这一阳爻与上两爻接，变为震卦，震是长子，所以说子克家。

秋胡戏妻

六三，勿用取女，见金夫，不有躬，无攸利。象曰：勿用取女，行不顺也。

说到这一爻，想起古人中一位大家了，就是宋代有名的朱熹朱夫子，那是不得了的人物，在专制时代，如果像我这样随便批评朱熹，就早应该杀头了。在明朝以后正式规定考功名要以朱熹的注解为标准，可是朱熹研究一辈子《易经》，他对这一爻的解释妙得很。他说，如果卜到这个卦，不可以讨太太，至于“见金夫”，他说是秋胡戏妻的那个样子，这个女人的后面有一个情人，就是她的前夫，真不知朱熹这个话从何说起。何以叫作“见金夫”？套用起来，牵强附会的多了。我们知道坎是西方之卦，西方属金，夫是由第一爻是阴性，阴性的后面是阳性这里来的，所以从后面跟了一个男人，这样的太太去娶她干什么？这个男人是西北人，或者是她西边的邻居，像这样的解释还可以勉强上去，一定说拿了黄金做情人，在法律上罪证不足，该是不起诉处分，这种解释是不成为理由的。“不有躬”，如果勉强讨这个太太，连命都不能保住，躬者就是身体，命都保不了，无攸利，没有什么好处。

这个解释不知说些什么。明明是山下有水叫作蒙卦，却出来那么多的故事，每一爻都不同，每爻来编一个不同的故事，看看蛮有味道。宋朝一个儒家杨万里，也是一个诗人，就用历史的事情来解释《易经》，看来也蛮好玩（杨万里字诚斋，著有《诚斋易传》二十卷）。

《象辞》的“勿用取女”这句话，是说这一爻随便怎么走都不顺，坎坷很多……

六四，困蒙，吝。象曰：困蒙之吝，独远实也。

为什么是困蒙？时间不同，位置不同，一个程序一个程序来，六爻的变动，就告诉我们一个人生，所以到了六四，困蒙，受困了，上下都不好，都是阴气，等于山水之间在起蒙雾了，万事不通，都不好。所以《象辞》说，困蒙这一爻是不对的，因为阴阳不能调和均衡，上面的老阳够不到，下面的阳爻亦隔开了。

六五，童蒙吉。象曰：童蒙之吉，顺以巽也。

上面看到各爻，先受刑罚，后又娶太太生儿子，在中间还有个女人，还有姘头，还有走不通的路，到这里生出孩子来了。这一卦有利于年轻人，大吉大利。但要注意，老头碰到这一卦，不大对头，因为不童蒙了，要童蒙才吉。《象辞》的解释，童蒙之吉，是顺利得很，因为这一爻动，阴变阳，上卦就变成巽卦了，所以“顺以巽”。

上九，击蒙，不利为寇，利御寇。象曰：利用御寇，上下顺也。

当土匪去抢别人不行，别人当土匪去防御他则有利，如果打仗，主动去攻击不行，只能防御。别人来打击，他必败，去打击别人亦会失败，就是这样的现象。所以要安静不动，要防御，不能攻击。《象辞》解释的理由很简单，因为上下顺，在象上防御的工事都做好了。

现在回转来检查，蒙卦的《彖辞》和《象辞》有矛盾，并不完全一致，六爻的解释有那么多不同的东西，不成系统地凑拢来，所以我们须知《易经》在最古老的时候，是没有这些词句的，就只是一横为阳爻、两横为阴爻的图案，用来卜卦。上古的人文文化不发达，欲想求知不可知的一面，用这占卜方法，流传久了，宗教迷信就成为人类文化的起源，人类任何文化都是这种宗教迷信——现代称为神秘学为起源。中国到了夏、商、周三代以后，形成了人类文化，把这套东西拿来作如此解释，这是研究学术的一个路线。

需　卦

第三卦需卦，第一卦是水雷屯，现在上卦是水，还没有变动，下面乾卦，水天是需卦。这个卦名的需字，用《说文》来研究，上面在下雨，下面是一个而字，是古代的象形字，“”上面雨下来了，下面也在下雨，一层一层的雨下来，就像这需字一样，为什么叫需？人类于日光、空气、水，一样缺不了，当然需要，需的文字本身，就是这样解释，尤其农业社会，有形的东西，水最重要，可是用作卦名，是谁替它定的，则不知道。有说是文王定的，有说是伏羲，但是伏羲画八卦的时候还没有文字，所以这个说法也不一定。甚至卦名是在哪一个时代定出来的，也是问题，这是我们要注意的。

需，有孚，光亨，贞吉，利涉大川。

乾、坤两卦的“元、亨、利、贞”四个字，

到了后面的卦，“元”字大都去掉了，最好的是“亨、利、贞”三个字，乃至有的卦，只有其中两个字或一个字，这个卦还有“亨、利、贞”三个字。那么“有孚”的意义是什么？古人讲易理的解释说“孚者信也”。有信，言而有信，古人这个解释不通。所谓“孚信”，孚字原来就是“老母鸡孵小鸡”的意思，孚字上面是鸡爪，下面一个儿子，小鸡快出来了，为“有孚”，有信用了，所以后人借用这个字，意思就是信，后来又加卵为孵了。“光亨”，光当然亨通，光一亮，什么都看见了。“贞吉”，正就大吉，有利没有利？有限度的利，要过河，过黄河，过长江，出海过海洋有利，假使组织航运公司，卜到这个卦会发财，做交通事业亦会发财。为什么这样说？外卦是水，水在外面，天在内（这个天是抽象的），那么水就有利了。

彖曰：需，须也，险在前也，刚健而不陷其义不困穷矣。需，有孚，光亨，贞吉。位乎天位，以正中也。利涉大川，往有功也。

需的意义就是需要，我们看了孔子的《彖辞》就知道。这一卦险在前，平面来讲，前面是坎卦，坎也是坡坎，也是大水，但是“刚健而不陷其义”，本身阳刚之气太多了。后面乾卦，三爻是阳爻，而坎卦本身中间也是阳爻，虽然有危险的现象，因为刚健不会跌倒，以这个意义来讲，不会受困走绝路。为什么有孚、光亨、贞吉？因为这是一个好卦，后卦是前卦的天，海阔天空，而坎卦的阳爻，得其中位。“利涉大川”，只要涉，往前面去，就有很好的成果，这是《彖辞》对卦辞的解释。

《彖辞》《象辞》的矛盾

象曰：云上于天，需，君子以饮食宴乐。

这与《彖辞》不同，而说云上于天是需，画面两样。《彖辞》解释前面是一片水的平面图，《象辞》的画面是立体的，天上面都是云雾，它说这个卦是叫我们上馆子，不但上馆子，还要作乐。我们就发现《彖辞》《象辞》是矛盾的，对圣人不好意思说他矛盾，姑且说是两重意义，这样两重不同的意义该怎么办？且暂时搁在这里。

需卦爻辞

初九，需于郊，利用恒，无咎。象曰：需于郊，不犯难行也，利用恒无咎，未失常也。

“需于郊”，是根据《象辞》“云上于天”来的，要下雨了，夏天热得要死，希望下一场雨，结果下了，可是“及时雨宋（送）江”，送到外面去了。“需于郊”就是雨下到郊外去了，引用这个现象来讲人文文化哲学，则“利用恒”，要恒心，万事要用恒心。卜到此卦，表示有消息，但慢慢来，要有恒心去做，最后有好结果。“无咎”，没有毛病，没有过错，《象辞》对于爻辞，用人生哲学的道理来解释的。“需于郊”是要有恒心慢慢来，“不犯难行”，遇到特别的困难，不要浮躁去冲破，知道不对退回来，等机会。“利用恒无咎，未失常也。”无咎是因为未失常，这个卦初九爻动，动得很正常，假如卜卦初九爻动，就变成了水风井卦，现象变了，初步有受困之象，但是不坏。

九二，需于沙，小有言，终吉。象曰：需于沙，衍在中也，虽小有言，以吉终也。

第二爻，这阵雨下到沙滩上去了，立即干了。卜得此卦的意思，是有口舌，多是非，但是没有关系，别人毁谤、批评，不用怕，最后还是好的。《象辞》说："需于沙，衍在中也"，一阵雨下到沙滩里，就漫衍开了。"虽小有言"，人家的闲话像下雨一样，滴滴答答，啰啰嗦嗦，但最后还是好的。为什么最后还是好的？因为第二爻动了，变成水火既济卦，所以卜卦有时取其动，有时取其不动，其间如何取法则在各人的智慧，如夜间进房内要开灯，则取动，天气转冷了需关上冷气，则取不动的静象了。

九三，需于泥，致寇至。象曰：需于泥，灾在外也，自我致寇，敬慎不败也。

到了第三爻变讨厌了，雨下在泥土地上，都是烂泥地，路都不能走。这个卦有危险的现象，如果在前方作战，担心敌人要来攻击了；如做小偷的，偷风不偷月，偷雨不偷雪，泥泞会困人，所以土匪在这时行劫。《象辞》解释说："需于泥，灾在外也。"为什么说灾在外？因为第三爻动了，内卦变成兑卦，水泽节，水上加水，要节制了。"自我致寇，敬慎不败也。"有敌人来攻击，也是自己内部问题，把敌人引进来的，所以要敬慎处理，才不会失败，但不敬不慎还是要失败的。

六四，需于血，出自穴。象曰：需于血，顺以听也。

卜到这个卦，恐怕有流血的事情发生，在哪里出血？大部分在耳朵，坎为耳，因为外卦坎卦的初爻动，所以《象辞》说"需于血，顺以听"。怎么是顺以听？第四爻动后，外卦倒过来是巽卦，这里是取巽顺的意思。看来这一说法蛮牵强的，可是古人研究《易经》，把这些牵强的当宝贝，当真理，拿来打转，转了一辈子五六十年，精神心血都转在里面了，还是不得究竟。

九五，需于酒食，贞吉。象曰：酒食贞

吉，以中正也。

九五爻就好了，有酒食，有人请吃酒筵，大吉大利，《象辞》说："酒食贞吉。"是因为九五爻有中正之道，这一爻是阳爻，前后都是阴爻，是外卦的中位，重卦的第五位，至中至正的位。

上六，入于穴，有不速之客三人来，敬之终吉。象曰：不速之客来，敬之终吉，虽不当位，未大失也。

这个卦很妙，古书上很多人，早晨卜到这个卦，都教家人准备，有不请自来的客人将要来访，可是对这三位客人，恭敬客气就大吉。《象辞》的解释是说，上六爻动了，虽然不当位，但本身是水天需卦，没有离开坎卦的本位，所以亦没有大错。但这三个客人从哪里来的？既不是先天卦，也不是后天卦，这三人到底从哪里来？是下卦的乾卦跟着三个阳爻。

从这里看，《易经》就是这样，没有什么了不起，可是许多人不管《易经》的本文，只在六十四卦的象数上去发展，也还有他的道理，知道了这个道理，姓张的可以写"张易"，姓李的可以写“李易”了。

不过话说回来，如果我们要对于卦辞、爻辞作进一步的研究，可以参考一本书——《易林》，焦赣著的，商务印书馆出的《易林》版本比较好。他对于六十四卦卦辞和爻辞的内容，又有不同的说法，这是他把《易经》研究通了以后，真正照文王的观念而来的一套思想。有些人卜卦，比较正确的，亦用《易林》的内容，胡适对《易林》也作过考据，文字亦很美很妙，大家可以参考。

学《易》与用《易》

至于我们要对每一卦、每一爻作再深一层的研究，据我现在所了解，便不是那么简单了，必须研究中国古代天文学，也叫作星象学——天文现象。二十八宿星象的躔度，同每一个卦所代表的星座，每一星座在某一躔度上和其他星座所发生的关联，构成了一个现象。譬如说北斗七星，那七颗星何尝像一个斗？是人类观察天文，把那七颗星连起来，画出来像一个斗。如西方人讲天女星，也是根据神话的想象而来的，实际上并没有仙女在那里，只是一些星星连起来的虚线，大概像一个天女，那就如《易经》所说的“象”。现在西方的天文学那么发达，也离不开星象，这个星象学和现代的太空学已分为两路。一路是实际研究追查每个星球在天体里的相互关系，是天文走到太空方面去了；一路是研究追查星座和地球发生的影响关系，而构成抽象性的对人类活动的作用，这就变成星象学。星象学有印度的、埃及的、中国的、西洋的，各个系统不同，但大致上原则还是一样的。可知《易经》每卦每爻的意思，是由星象学来的。汉朝有名的《京房易传》，把这个要点藏在里面，没有明指出来，等于对后人留了一手。后来到了宋朝的易学大家邵康节，所谓能“前知五千年，后知六万年”，就是从这个星象系统来的，所以他敢吹这个牛。那么我们知道中国的天干、地支、五行、八卦，都是归纳了非常复杂的星象学，化繁为简变成一般人都能懂得的抽象东西。因为一般人不知道天干、地支、五行、八卦的来源是星象学，就认为是江湖术士，实际上江湖术士的这一套，基本上有其最高深的中国文化作背景。

所以不要看了《周易》的各种解说，就只在《周易》上转圈子，我个人认为这样毫无用处。近几年来研究《易经》又是一窝蜂，在我看来，只这样打圈子，研究死了亦没有用，对国家、对文化不会有贡献。唯一的用途，退休的人没有事做，钻进去蛮舒服，要真正有用，要有科学精神，而不是以现代的自然科学硬套上去，这是我个人到今天为止很深切的体会。易学是高深的，欲真的把它变成为有用的，必须如此。没有做到实用，还是抽象化地偏重在思想方面，换言之只是偏重于哲学方面，是虚玄的，实际没有用。所以研究《易经》，千万不要钻牛角尖，古人亦如此，尽管著作本身很了不起，可是有没有用？此身都不能饱，如此而已。除非把古人的书都看懂了，都记得，然后推开，再找本文，或者有一点用处。至于讲道理，像宋朝以后理学家们讲《易经》的道理，我素来不大注重，如刚才说的那一些，每一个爻辞拿出来解释，都可以写一本书，可是有什么用？有时候还会误人。作为一个文化工作者，乃至写一点小东西，一个字都不敢乱写，写出来是快意，但是如果偏差了，那个后果就不堪设想，所以不敢轻易下笔。古人著书就这样严谨，现在的人不管这些，发表了再说，后果如何不考虑，这是古今不同处。

卦序的问题

上次说到屯卦时，引发了《周易》六十四卦排列的次序问题，为什么要这样排？这是一个大问题，我是一直到现在认为还没有得到最圆满的答案。这里在讲下一个卦之前，必须先把《序卦传》提出来讨论讨论。古文上常说到的孔子赞《易》——这个“赞”就是参赞，帮助《易经》的研究。孔子赞《易》有“十翼”，就是孔子研究《易经》的十种著作，称为“十翼”，包括有乾、坤两卦的《文言》、上下《系传》、《彖辞》（以前分上下两《彖辞》）、《象辞》（以前分上下两《象辞》）、《序卦》、《说卦》、《杂卦》等十种著作。古人传统的说法认为都是孔子作的，《序卦》就是卦的次序，这一篇很重要，但与象数的关系较少，和中国文化哲学思想的关系却大了，过去大家都忽略了这一点。我之所以再三提到《周易》的卦序，为何这样排列，因为这是一个大问题，千古以来有不少人在研究，而在我认为那些答案的理由都不充分，同时我们也看过孔子对序卦的说法，亦只讲了《易经》的理，没有讲象数。孔子的《序卦传》以人文思想讲卦名的理，讲为什么叫“屯”，为什么叫“蒙”……但要注意到，当伏羲画八卦的时候，还没有文字，那么孔子所讲的易理，对于为什么这样排列的理由，似乎也并不充分，所以这也是一个大问题。

推开《周易》，对于邵康节的道家易那个系统，关于六十四卦的排列，我也很满意。乾为天，天风姤，天山遁，一路排下来，非常有道理，可是《周易》不是照这个顺序来的。《周易》的系统到底怎么来的？并没有解决，这个系统的基本问题没有解决，拿来乱套学问，我认为不成其为学问，所以内心一直对《周易》认为是个问题。

六十四卦在上古的排列，道家另有一个排列方法，可是我研究的结果，也不准确，但它的用法蛮对。它是把一年十二个月，配合十二辟卦，每卦代表一个月，一月三十天，六十四卦相配合，以每月初一的早晨配屯卦，晚上配蒙卦，初二的早上是需卦，晚上是讼卦，这样依《周易》的卦序次序来配。六十四卦除了乾、坤、坎、离四卦不用，余下六十卦，每日两卦，依照《周易》的次序配下去，这是道家关于象数排列的方法，后世推测天文地理，未卜先知的方法，都是由这一套方法来的，用起来还是蛮对的。但是照道理，我还是不大同意。因为用起来代表天文一个星象的符号，变化行得通，理由可讲不通。人类的文化都是这样，如科学是讲现实，现在发展到理论科学，就变成哲学了。哲学讲理，反正事上对，理上不对，所以我常告诉大家，天下事常常有其事不知其理，如鬼、神，就是有其事，不知其理；有的时候又有其理而无其事，那就是经验还没有到，要事理合一才是真学问，所以卦序的问题值得大家研究。

唯物史观

讲到这里，我们先讨论一个三十年代很时髦的问题——唯物史观。

三十年代非常流行的一种哲学思想，就是历史哲学，亦即所谓的唯物史观，他们以唯物观念来批判历史的发展，在几十年前，我们受到这个哲学思想的影响很大，现在看来已经不算什么，但是它在西方的影响还是不小。现在世界上有些大学历史系内，多数都有历史哲学的课程，有些还把唯物史观作为历史哲学中的重要参考思想。因为历史哲学在世界人类的文化、学术思想上面，还是在刚开步走的阶段，它的目的就是在探讨有了天地万物人类后，为什么人类历史会闹成这样？比如人类政治历史上的几个大问题——无论是民主也好，君主也好，独裁也好，自由也好，无政府主义也好，各种各样都实行过，可是哪一种政治制度能使人类永远的太平幸福？我们还没有见到过。以上这些政治主张在理论上都有它的道理，但事实上也都有它的缺陷，这是一个哲学问题。又如经济方面，为什么货币有了以后，从贝壳到现在的钞票，每一出来，一使用后只有贬值，永远没有涨回去的时候，这是什么原因？这是历史哲学上的经济问题。过去有一些人抓到这些问题，拿着鸡毛当令箭，把它改头换面来作宣传，煽动性很大。他们把人类社会为什么不能太平，为什么不能平等的情形，就归过于他们认为的敌人，加以攻击。现在回头来看，历史哲学我们早就有了，《易经》就说过，而且比别人讲的好多了。可惜没有人去发挥，如果有人能把西方的唯物史观和我们固有的历史哲学，研究到真的内涵，然后对世界经济、政治的发展融会贯通了，应该可以写一本很好的书，那就对人类思想影响太大了。

现在再看我们的历史观，也可以说是孔子的历史观，包括了西方的唯物史观与唯心史观，是心物一元，非常高明。但是要加以发挥，只凭古文，现在这个时代懂的人不会多，这一点是需要大家继续努力的。

孔子这里说的是《周易》六十四卦的次序，为什么要这样排列？前面说过这是我们要深思的。

孔子说创世纪的开始

> 有天地，然后万物生焉，盈天地之间者唯万物，故受之以屯。屯者，盈也，屯者，物之始生也。

第一句话就很妙，“有天地，然后万物生焉”。很自然，中国人说话，这样就够了。以文化来比较，这就是中国文化的不同之处。我们强调我们的老祖宗，像孔子思想的高明之处，这里就只说有了天地就有了万物这么一句话，没有过问到宗教哲学，宗教哲学要讨论到天地是谁造的？万物又是谁造的？宗教家说有个主宰造的，可是中国人不讲这一套。假如说有个主宰造天地万物，那么这位主宰又是谁造的？中国人不谈这个永远没有结论的问题。过去人家说中国人没有哲学，实际上不是没有，而是非常高明，这等于佛学里说的，释迦牟尼讲学说法，有四种方式，其中一种为“置答”，就是某一问题不需要讨论，先放在一边。孔子这里的第一句话，就是置答的方式，不是不懂，第一句话就是从人文文化开始，这就是我们文化的特色。

“盈天地之间者唯万物”，就是充满天地间的为万有，古文中称万物。要注意，我们上古时代所用的“物”字，并不是专指现代唯物思想的物，而是有了“东西”，而“东西”也是包括心物一元，是抽象的，充满天地之间的，就是万物。这里开始就是乾坤两个卦，乾、坤代表了天、地。乾坤以后就是屯卦，因为屯的意义就是“盈”，是充满了，第二个意义“物之始生也”，前面说过，屯字的象形，是草下面长了根，上面刚刚出了头，萌芽的现象，表示万物开始生长。

从蒙到师，人类世界的第一次大动乱

> 物生必蒙，故受之以蒙，蒙者蒙也，物之稚也。

所以古文大家都不愿看，尤其现在年轻人，不但不懂，而且会觉得讨厌。这里说，既然有了万物，像屯字形象一样，草根露头，露了头就一定开始发蒙了，所以屯卦以后，承受在下面的是蒙卦。蒙是什么？“蒙者蒙也”，以现代白话文的观点来看，这不是等于没有解释？但是中国古代人读书是先研究字，古礼读书要先读小学，那时的小学不是现代的小学，古代的小学就包括了先认识字的意思，每一个字为什么这样写。中国字和外国字不同，不是字母拼音来的，是意义来的，这里上面的蒙字是卦名，下面的蒙字是解释，是说万物刚刚发芽，亦即说万物还在幼稚的阶段，所以又说“物之稚也”。种籽种下去，刚发芽，为发蒙，还在幼稚的阶段。

物稚不可不养也，故受之以需，需者饮食之道也。

人类社会的发展，当万物在幼稚的阶段，必须要养育。我们研究中国史，天地开辟，大禹以前，还是洪水阶段，农业社会还不能奠定，等大禹建设了水利，天下分成九州，这个时候到了养的阶段。“物稚不可不养也”，是社会的进化，讲究养育，所以蒙卦下面就是需卦。在人类社会的养育，什么最需要？先要吃饱，万物也一样，蚂蚁也一样，狗也一样，都需要吃饱，这中间的发挥就很大了。三民主义就把民生主义放在里面，社会人类的发展，只要有了生命，就要生活，生活的第一个条件先要吃饱，“需者饮食之道也”。这就是需卦。

饮食必有讼，故受之以讼。

社会发展到这里，问题来了。人为了生存，需要生活，生活第一件要饮食，我要吃，你要吃，他也要吃，今天吃了，又怕明天挨饿，希望你少吃一点，我带回去准备明天吃，于是自私的心出来了，斗争发生了，所以需卦下面接着是讼卦。

讼必有众起，故受之以师，师者众也。

讼卦下面就是师卦。师卦在《易经》本身代表大众，现代的名词，在党政为群众，在军事为部队。人类社会发展到有了自私心理，需要占有以后，就有斗争，有了斗争，自然联合成一个阵线，立场不同的两样观点就对立，立场相同的就联合为一群，群众运动来了，所以下面是师卦，而师不是老师之师，古代所谓出师，是出兵打仗，就是群众。

比泰之间的繁荣景象

众必有所比，故受之以比，比者比也。

群众起来以后，必定有亲附性、比较性。“比”就是排队，与自己相同，跟着走，中国古字写“比”，就是一人在前走，一人在后跟着就是比。如果两人走相反的方向，就是北，即是背，相背。有群众就必有所比，意见有所不同，利害亦不同；如意见相同，利害相同，就联合在一起，“比者比也”。比卦就是人联合在一起，派系就来了，意见就来了。

比必有所畜，故受之以小畜。

孔子认为比卦的意见纷歧没有错，有比有群众，大家同心同德在一起，必有畜，有积蓄，亦即是大家谋共同的利益，虽然是私心，大的私心就是公，就有所畜，有储蓄准备。如现在的保险制度，是社会安全的最好制度，而这个制度的最初起源，是海盗抢劫以后，就存起一部分财物来，准备作被打死的伙伴遗属的生活费。后来慢慢发展成为现在的保险制度。一些东西，有时是坏的却生起来了好的结果，有时好的也会生起来坏的结果，这就看思想问题、文化问题了。比以后的小畜卦，也是这样。

物畜然后有礼，故受之以履。

小畜卦下面是履卦，履作名词是鞋子，作动词是走路，是行。孔子这里说一个社会到达了物蓄，富庶了，现在说是进步的社会，物质文明富庶以后要有礼，必须有秩序，没有秩序就不行。如法律、教育、军事、文化这些都起来了，由此亦看到管子的思想“仓廪实则知礼节，衣食足则知荣辱”的原理。物质文明进步以后，有了经济作用，就有私心，这个时候必须产生文化，要有法律。“故受之以履”，要有应该走的道路，所以就法律哲学来说，法律绝对是对的吗？不一定。因时间空间的不同，法律的道理是相对的；在这一时间空间是最好的真理，拿到另外一个时代或社会，则会变成很坏的事情。那么何以大家都承认法律是对的？这就是法律的哲学问题了，也就是这里所说的“物畜然后有礼，故受之以履”。在每一情形下，要有一条路让大家好走，有一个秩序好遵守实行。

履而泰，然后安，故受之以泰，泰者通也。

履卦下面见泰卦，这是社会的发展，政治的发展，一项政治制度，大家都走得很舒服的一条路，王道坦坦，就“履而泰”，天下太平，然后平安了，大家都舒服，亦所谓自由平等，大家都平等了，所以履卦下面是泰卦，泰也就是通畅了，没有阻碍了，没有问题了。

否——人类第二次的文明低潮

物不可以终通，故受之以否。

可是问题来了，中国有两句老话："人无千日好，花无百日红。"两个好朋友，尤其两夫妻，很难得一千天里不吵架，没有一朵花开到一百天不凋谢的。我们古人看历史看得多么通，最好的时候就是坏的开始，所以泰卦下面，就是否卦。我们看中国历史的汉朝、唐朝，看西方历史的罗马时代，鼎盛的时候，就衰败下去。家庭也是一样，兴旺的时候，儿女媳妇都骄贵起来了，太骄贵就是泰到极点，否就来了，否到极点泰就来了。不但人是如此，历史也是一样，社会发展也是一样，看通了人生，如此而已。饿了吃，吃了胀，胀完了大便，通了又饿，又吃，就这么一回事，一切都是循环。

同人大有——人类文明的更上层楼

物不可以终否，故受之以同人。

否，坏到极点就要好了，倒霉到极点的时候就要好了。像我们现在遭遇到的就是否卦，可是人不会永远倒霉，“物不可以终否”，失败是成功之母，就是这个道理。“故受之以同人”，否卦下面是同人卦，人遇到倒霉的时候，就要交朋友，交志同道合的人，重新来创业，这是大同思想，自由平等的原则。

与人同者，物必归焉，故受之以大有。

找志同道合的人，要“与人同者”，替我想，也替你想，没有自私占有，欲自私只有公众的大自私，为团体而自私，为国家而自私，为天下而自私，这就是“与人同者”。能够有这样的胸襟，就“物必归焉”，天下万物都向同人集中了。所以同人卦下面就是大有卦，就是说公正廉明的人，就有很多朋友，很多部下拥护，所以同人的综卦，就是大有，所有好的都集中在一起。

有大者不可以盈，故受之以谦。

大有卦下面，接着是谦卦，这就告诉我们人生哲学，也是历史哲学，人到了最高点的时候不要自满，再加便会溢出来，所以大有卦下面“受之以谦”。

有大而能谦，必豫，故受之以豫。

一个人富贵功名地位到了极点，又能谦虚，就舒服，自然优豫，所以谦卦的下面就是豫卦。

豫必有随，故受之以随。

豫卦的反面（综卦）是随卦，这又是人生哲学，历史也是这样。西方罗马鼎盛时代，天天歌舞升平是豫，接下来是衰败，人应居安思危的道理，就从这里来，舒服的结果有随跟着来，因为内部要发生问题了。随是追随，意思是有反面的东西跟着要来，也是随便的意思，自己没有中心，随别人如何便如何。优豫的人，往往自己懒散，连脑筋都不愿用，所以受之以随。

由蛊而剥　看人性的堕落

> 以喜随人者必有事，故受之以蛊，蛊者事也。

有钱，有势，有地位，样样好的人，就是天下第一人，也就有人来跟随在他的后面，沾点好处，这样跟随的人越来越多，这时就要担心了，就会有事故了。汉高祖打下了天下，大家都吵，张良就告诉汉高祖，天下豪杰追随你去拼命打天下，是希望天下平定，现在天下统一了，如得来一块肥肉，还没有分，大家当然要吵了。汉高祖所以封功臣，便是看透了人生，到了某一地位，应该做的事就要做。不能喜欢别人的恭维或感谢，因为只要自己有一点喜好，就有人投其所好——“以喜随人者必有事，故受之以蛊”。蛊惑，蛊是一种虫，传说贵州、云南的少数边疆民族会放蛊来麻醉人，使人的脑子都昏了。蛊也是虫，很多的虫，如房屋的白蚁，人身的病菌，虫多了就有事。

有事而后可大，故受之以临，临者大也。

但是人不怕事，“有事而后可大，故受之以临，临者大也。”懂了这个道理，有事不可怕，有人也不可怕，只要认清“我所有的就是大家所有的”，这样就不错了，所以下面是临卦，就是扩大。

物大然后可观，故受之以观。

临卦下面是观卦。一个东西大了，如一粒种籽种在马路边上，有谁去理它？经过几百年变成神木了，大家都来看了，所以壮大了，然后可观，故受之以观。

可观而后有所合，故受之以噬嗑，嗑者合也。

观卦的后面是噬嗑，所谓噬嗑，就是张嘴咬下来的样子，就是啃。观卦以后为什么是噬嗑卦？因为有可观之处，就有所遇合。

物不可以苟合而已，故受之以贲，贲者饰也。

这里又讲到文化思想，社会发展到这个时候，原始的东西要加工，要加上人文文化。如面前的塑料盘子，是用尿素制成，制造的过程一定要经过人文文化的科学处理，不能随便和些泥浆或面粉做成，这就是不能苟合，所以一定要有人文文化，受之以贲。“贲者饰也”，贲就是装饰，就是艺术的、文明的。

致饰然后亨，则尽矣，故受之以剥，剥者剥也。

文明到了极点，艺术发达，社会平安，等于一个人一样，家里富有，艺术字画堆满了，亨通了，到了前面没有路了，所以跟着贲卦下面就是剥卦，物极必反，开始剥落了，剥者就是慢慢掉落，又是一个循环。

物不可以终尽，剥穷上反下，故受之以复。

剥卦的下面就是复卦，时代也是如此，所以中华民族不会危险，剥极了就恢复。“物不可以终尽”，不会有绝路的。“剥穷上反下”，上面的路走完了，翻过来，就成为复卦。

由复到离　看人生兴衰往还

复则不妄矣，故受之以无妄。

人受了灾难，受了打击，知道反省，知道复兴，就不错了，所以复卦下面是无妄。

有无妄，然后可畜，故受之以大畜。

没有错，新的境界来了，有大的发展了，所以受以大畜卦。

物畜然后可养，故受之以颐，颐者养也。

真到了社会的物资够了，财富平均了，万物都富足了，然后可以养人，经济生活“可养”了，所以大畜卦下面是颐卦，颐就是很舒泰，所以我们恭维老年人退休在家享福为“颐养天年”，就是这个颐。

不养则不可动，故受之以大过。

天地间舒服到极点，就要出毛病，有人说某

人作恶多端，却过得蛮舒服，而我们循规蹈矩，生活却苦得很，报应在哪里？但中国人有句话："天将得厚其福而报之。"也等于基督教讲的："上帝要毁灭一个人，先使他发狂。"使他得意到极点，快点恶贯满盈，走到头了，跌下来，所以养到极点，罪恶、浪费、奢靡到了极点，就会出问题，所以颐养的卦下来，就是大过。

物不可以终过，故受之以坎，坎者陷也。

大过了不行，宇宙、人生、历史、社会都是一节一节，所谓运气，就是阶段，和门槛一样，所以大过卦下面是坎卦，有阶段就陷下去。

陷必有所丽，故受之以离，离者丽也。

觉得陷下去了，不要怕，在苦难的当中会站起来，所以下面是离卦，离卦的意思，像太阳出来一样，非常漂亮，新的一个时代又开始了。

上面是上经，六十四卦的卦序，是分两部分排列的，而上经的卦就是这样排的：乾、坤、屯、蒙、需、讼、师、比、小畜、履、泰、否、同人、大有、谦、豫、随、蛊、临、观、噬嗑、贲、剥、复、无妄、大畜、颐、大过、坎、离三十个卦。这里是简单地讲，如果加以发挥，卦与卦之间，产生了太多的道理，人类世界的历史哲学原则，我们早都有了。我们现在多可怜，有那么丰盛美好的文化宝库，我们后代对不起老祖宗们，没有人去发挥，反误以为自己什么都没有。

上经的卦序，是讲人类社会与历史发展的关系，下经讲到人生了，下经亦很妙。上经以乾坤两卦开始，下经开始的两卦是咸、恒。恒卦是雷风恒，上面是震卦，下面是巽卦——䷟。翻过来，综卦为䷞泽山咸卦，上经起于乾坤，为什么下经起于咸恒？咸等于说平等，大家需要一齐，恒是经常的，但在上经里没有提乾坤两卦的卦名，只以天地作代表，下经里也不提咸恒的卦名，而以男女作代表，现在大家看下经的卦。

孔夫子的婚姻观

有天地然后有万物，有万物然后有男女，有男女然后有夫妇，有夫妇然后有父子，有父子然后有君臣，有君臣然后有上下，有上下然后礼义有所错，夫妇之道不可以不久也，故受之以恒，恒者久也。

咸卦并没有提什么叫“咸”——大家都是这个样子就是咸。在大学里上课，有些同学问起，恋爱哲学是什么？我告诉他们，我爱你就是我爱你，不爱你就不爱你，爱就是自私的，恋爱没有什么哲学。但是孔子讲得妙，他说有了天地就有万物，有了万物就有男女，既不是上帝造的男人，也不是上帝从男人身上拿出一根肋骨来造女人，而是有了万物，其中就有男人、女人。一部人类史，就是两个人唱的戏，唱了几千万年，有了男女，自然就会结合，就会谈恋爱，变为夫妇，并不是偷吃了苹果才变成夫妇。就是说人类社会，只有四个字“饮食”“男女”两件事，一是需要活着的问题，一是两性需要的问题。有些统治者，就用这两件事去控制人民，不听他的就没得吃，不听他的就娶不到太太或嫁不到丈夫。《易经》上也点明了这两件事，上面说了人事历史发展的关系，下面说有了男女，就自然有夫妇，有了夫妇就自然形成家庭，自然生孩子，生了孩子自然有父子，所以这是五伦的道理。为什么有五伦？五四运动要打倒孔家店，打倒孔子——说五伦是吃人的礼教，都是错的。上述这些是自然现象，社会扩充了，就有人，大家都是人，某人人好一点，选他做领袖，他就是君，我们听他的，我们就是臣，社会的程序就成了。如果以医学的观点来说，假如我到医学院讲演，也可以乱吹：“人类历史是荷尔蒙造成的，由一个精虫和卵子，又加上些什么染色体变成的。”这样也没有错。如果以这个观点看，所有人类都有病态，都该打针，可知人的思想多可怕！思想不纯正，乱吹一阵，也可以煽动别人，可是结果却害了自己，害了别人。譬如弗洛伊德说的性心理学，也没有错，可是歪理有千条，正理只有一条。现在《易经》这里告诉我们，人类的五伦不是勉强形成的，不是法律规定的，这是人性的本来，人性走正理，自然发生的。有男女，自然有夫妇，有夫妇自然有父子，有了许多夫妇、父子，自然形成社会，有了社会组织自然有阶级。有的阶级是自然形成，有所谓君臣就自然分上下，有了上下就产生文化、产生礼仪——这就是“夫妇之道不可以不久也”，这是中国文化。现在西方文化，男女青年都不愿意结婚，彼此都不愿负责任，这个现象的问题很大，中国文化要夫妇相敬如宾，就要持久、有恒。

上经是说自开天辟地，有了宇宙的社会发展，现在下经是由个人开始，讲到夫妇家庭，父子、君臣的人伦关系，这里又产生一个哲学问题，天地间的事，没有永恒存在的，佛学中称这现象为无常，《易经》叫作变化。

功成、名遂、身退

物不可以久居其所，故受之以遁，遁者退也。

我们看老子的话“物壮必老，老者必倒”。我们看孔、孟、老、庄思想，可知都是从《易经》里来的，这是自然的法则。天地间的万物，壮大、茂盛了，一定衰老，一衰老了就变化，历史的阶段就过去了，所以这里告诉我们历史的哲学：“物不可以久居其所，故受之以遁。”这个物当然不是单指物质，而是包括人、物、事。就是一个东西不能永恒存在，所以就慢慢退化，故其下为遁卦。再看老子的思想，“功成，名遂，身退，天之道也”，也就是从《易经》这个地方来的。从这个序卦的道理看，人到老了，就应该退，交给下一代去。总之，《序卦传》中，《周易》每一个卦的排列程序，都包含了许多道理，中间有很多学问，就要靠自己的智慧去思考去研究。如医学上的研究，最近外国最流行的，男女更年期是最可怕的，所谓家长本身这时要再教育，夫妇之间的问题，也多半发生在这一时期。外国人研究夫妇感情，最好是三年到五年，有的时间更短；以后的几十年，维持家庭夫妇关系的，那是道德在维持，法律在维持，并不像在恋爱期间那种昏天黑地的感情了。而我们《易经》上早就讲到"物不可以久居其所，故受之以遁"。必定退，必定是这样。

物不可以终遁，故受之以大壮。

但话又说回来了，老年人退了，交给年轻的一代，就大壮了。

物不可以终壮，故受之以晋，晋者进也。

大壮过了为什么是晋卦？晋卦孔子解释就是进步的现象，一个东西壮大了，自然会求进步，新的一代起来。

进必有所伤，故受之以明夷，夷者伤也。

这里又是社会哲学、历史哲学来了，进步的阶段，一定有伤害。社会的发展，一个求进步、求改革的法令，固然有远大的理想，可是对于旧有的具破坏性，这也是革命的哲学，革命就必有所伤。

伤于外者必反其家，故受之以家人。

明夷卦的下面接家人卦，孔子解释在外面受了伤的一定跑回家，不只是人如此，即使家畜也是如此。又如我们的文化，一百多年来，受西洋文化的刺激，变成现代这样，可是现在慢慢地连外国人也开始学我们中国文化了，这就是“伤于外者必反其家”，所以是家人之卦。

家道穷必乖，故受之以睽，睽者乖也。

古代“睽”的意思就是夫妻反目，意见不合，所以是处家庭的哲学，家道穷的时候，这并不是贫贱夫妻百事哀的“穷”，而是到了“极点”的意思，“穷尽”的意思。如一个家庭有钱，慢慢奢侈，奢侈到极点，就出毛病，夫妇的感情，国家的政治，都是这样，一定要乖张。

乖必有难，故受之以蹇，蹇者难也。

乖就是乖张，个性的偏激，家庭、社会、政治的问题，都是这样，过分的乖张，就有困难来了，所以是蹇卦。“蹇”字的意义，就是跛脚，受了伤走不动，寸步难行。

物不可以终难，故受之以解，解者缓也。

自然的法则，一个东西没有永远困得住的，不会永远困难，困久了总要想办法找出路，所以蹇卦下面是解卦，要解除，要缓和困难。

缓必有所失，故受之以损。

有些性情急躁的人容易出事，而性情缓慢的，则容易把困难拖下来，慢慢用变化来解决，但是太缓了亦不行，一定会有损失。急躁的人容易偾事，把事情搞砸了，缓慢的人则容易误事，等于医生处方下药，虽没有吃坏，可也没有治好，这就犯了医学上的过错，延误了治疗时间，所以解卦下面是损卦。

《易经》告诉我们，万事都是相对的，没有一样是绝对的，没有哪样是对，亦没有哪样是不对的，有时要偏一点才对，有时偏一点又是错了。

损而不已必益，故受之以益。

损的反面是益，损了这一边，就益了那一边，祸福是相倚的。

益而不已必决，故受之以夬，夬者决也。

在受益时不要以为得志有福气，得志就是益，《易经》告诉我们要晓得进退存亡之道，益了以后不晓得退，到极点就崩溃，就断了，所以益下面是夬卦。

决必有所遇，故受之以姤，姤者遇也。

由《易经》来观察宇宙事物，来讲历史文化，人生不会有绝路，要用智慧处理这个人事，处理这个宇宙，就是中间断了，必然会另外有一个新的环境出现，于是遭遇就来了，所以夬以后就是姤，姤卦为阴阳相交之卦。

物相遇而后聚，故受之以萃，萃者聚也。

一个东西只要有新的来相遇，就会有新的结合，这个“萃”，现代的观念就是结合，萃字本身就是很多茂盛的草聚在一堆，是一种青春可爱的现象。

聚而上者谓之升，故受之以升。

一有所聚，慢慢挪移向上升发，社会历史的发展，也是一样。比如十几年来，许多人本来没有钱，慢慢合力经营，都变成了大老板，就是萃然后升发。

升而不已必困，故受之以困。

升卦的反面就是困卦，上升不已就必然遭遇新的困难。

困乎上者必反下，故受之以井。

困在上面，到了最高处，自然要下来，就掉到井里去了。个人也好，家庭也好，所处时代环境也好，如同掉下井里，上面空空爬不上去，下面入不了地，四面又围住了，这多可怜，于是革卦这个时候就来了。

井道不可不革，故受之以革。

想办法打破时代环境的樊笼，这就是革命。

革物者莫若鼎，故受之以鼎。

谈革命，常说“鼎革”，那么鼎革两卦就值

得研究了。上面讲到一个东西欲进步，一方面一定要受到损失。所以宋朝的王安石变法很可怜，他的思想现在却被推崇，如邻里、保甲制度，都是他当时创制的，可是他当时受那么大的损失，历史上也给他这么大的罪名，到现代我们才号称他是历史上的大政治家，就因为他在变革的时候一定伤害到别人，他忘记了社会的旧习惯这个力量，很不容易铲除的。《易经》的原则只能渐变，没有突变的事，那种看来是突变的现象，也是渐渐来的。所以鼎革的道理，一个新的办法，认为很有道理，要用来变更旧东西的时候，千万要根据历史的经验，慢慢来。而王安石当时只想自己亲眼看到成功，可是历史上一个好的东西，假使他能够忘我，并不希望自己看到成功，用渐变的方法就好了。很多人犯了这个毛病，想自己看见成功，便一定会失败。这里就说，假如要突变的改，除非全面推翻，改革的最好工具莫如鼎，鼎就是锅，无论什么东西放进去，都会被化掉，重新熔化一番，再建立起来，所以鼎革两卦，连在一起。

主器者莫若长子，故受之以震，震者动也。

古代中国家族制度，大儿子当家，弟妹视长兄如父，所以当家的“莫若长子”，所以“受之以震”。在《易经》的象数中，震卦是长男，代表大儿子，同时震的另外一个意义就是动，就是说，革命会有一个时期的动乱。

物不可以终动，止之，故受之以艮，艮者止也。

这里说明一个处事哲学，政治哲学。领导一个动乱的时候，要晓得时机，把动乱停止下来，所以是艮卦，艮也代表山，好像山一样静止下来。

物不可以终止，故受之以渐，渐者进也。

但是天下事不能永久停止下来不进步，《大学》里的“苟日新，日日新”，就是要不断进步，不要满足于眼前的成就，所以接下来是渐卦。

进必有所归，故受之以归妹。

《易经》归妹卦，是结婚卦，这里是说，有进步一定有收获，因此下面是归妹卦。

得其所归者必大，故受之以丰，丰者大也。

有了收获，家庭兴旺起来，扩大了，就是丰卦。

穷大者必失其居，故受之以旅。

家族扩大了，人口多了，房子不够住了，只好出国去，像我们民族庞大了，所以世界上到处都有华侨。讲人生的哲学，过分扩大了就会忘记了本位。

旅而无所容，故受之以巽，巽者入也。

外面跑跑，失败了，吃不开，只好买张飞机票回来，这是巽卦。

入而后说之，故受之以兑，兑者说也。

这里“说”（音悦），就是《论语》上“不亦说乎”的“说”，回来就高兴了。

说而后散之，故受之以涣，涣者离也。

高兴过度了，又散掉了，得意不能忘形，所以兑卦之后是涣卦，涣是水一样散开。

物不可以终离，故受之以节。

涣散之后，不能一直涣散下去，而终归要节制。

节而信之，故受之以中孚。

有了节制，就有中和的作用。

有其信者必行之，故受之以小过。

中孚也是有信，有信往往矫枉过正，故受之以小过卦。

有过物者必济，故受之以既济。

既然过头了，有正有反，有另外一个新的接触，所以小过卦下面是既济卦。

永无尽止

物不可穷也，故受之以未济终焉。

最后是未济卦，永远凑合不了，这里产生一个哲学问题。《易经》中，孔子告诉我们一个历史哲学，看懂了要哈哈一笑，人世间事情是永远作不了结论的，永远是未济。宇宙永远这样发展下去，这个地球毁灭了，一个新的地球又会来，永远停止不了，这是我们伟大的历史哲学。我们文化宝库里有这样好的历史哲学，可惜把它丢在仓库里给书虫去吃，这是中国文化可怜的地方。

同时，从这未济卦上，产生了我们个人的修养，说人生要作一个交代，那只是一个理论，因为最后是未济卦，永远完不了事的，这是一个观念。

还有一个观念，是研究六十四卦的方法，用中爻上下交互，最后的结果，除了乾坤两卦外，不是既济，就是未济，所以大家卜卦欲知过去、未来，也是这两卦的作用。吉或凶，对或不对，就是既济或未济，懂了这些，所以《易经》很好研究，并不深奥得那么复杂可怕。

不断的研究与求证

上面孔子研究序卦的这番理由对不对？作历史哲学看，作人文文化看，理由非常充分。严格说来，孔子这篇《序卦传》只是解释卦名而已，譬如他只解释什么是需，是需要的需。以现代经济学观点而言，人类活着就要饮食，这就是需，有了需要，人就会发生斗争，因此需卦下面是讼卦。孔子说的理由非常充分，但是《易经》的本身是从象数来的，如果以象数来看需卦，我们这位圣人所说的理由，还是成了问题。只能说，孔子只是就易理上讲道理，尤其是人文文化的理这一方面，讲得非常圆满。至于六十四卦为什么这样排列的科学性关系，他在《序卦传》里并没有说出充分的道理，所以不足以使我们满足，不必要因为他是圣人而我们就认为都是对的。

我们的《四库全书》里，发现古人对《易

经》解释的著作占有很重的分量，自成一个系统。后世的注解——自秦汉以后直到现在，所有解释性的著作，有一个共通的概念，认为《周易》这本书中的意见都对。有的解释不出来的，也要旁征博引证明它是对的，著作人绞尽脑汁，想尽办法，如何去符合“都对”的那条理路，像这样做学问的态度，是不是正确？值得考虑。

比如说《周易》为什么乾坤两卦以后，接下来就是屯卦，亦可以说屯卦是乾坤两卦变来的，水雷屯，坎卦是坤卦中间一爻由阴变阳而来，震卦是乾卦第二三两爻由阳变阴而来，那么为什么是二三两爻变？这里产生一个思想了。

推开《易经》，我们再看西方的文化来源，是由宗教而哲学。西方的哲学首推希腊，开始研究形而上学——宇宙来源，说宇宙的第一个原始是水，当然不是我们现在看到的水。以地质学而言，地球在没有形成以前，太空中突然一股力量，像台风一样，中国人称它为气。这个气是液体的气，就叫作水，慢慢在旋转，不知旋转了多少亿万年，这股水气凝结起来，就变成地球。突出的是高山，陷下的是海洋，海洋中的水是第二重的水，是后天的水，是在地球形成以后，包围了地球的气所成的。印度人亦讲地、水、火、风，是水开始，中国人也这样说的，五行道理，天一生水，地二生火，也是水做的。那么《易经》乾坤两卦，这个乾坤——宇宙怎么来的？水雷屯来的。可以说宇宙来源的开始，或者说后天的世界开始，是屯卦。看卦辞也是那么说，因为乾卦外面一动，就变成震，震是一种能量，等于科学、地质学的解释宇宙最初的动力，动起来以后，就慢慢成为中爻的凝结，就变成地球。这个现象，我们给它一个符号，叫作“水雷屯”。地球形成以后，还没有万物、人类和文化，慢慢山水蒙，屯卦一翻过来的现象，地球下面都是水，上面是高山，慢慢草木生长发芽了，人类生长了，人类的来源问题，则没有讲。这样一凑，又是“有道理！我们的《易经》伟大！”但这一套是我凑的。要捧自己的祖先就是这样，把古今中外凡是有理的凑上去就对。好像到百货公司买一副七巧板，很漂亮，可以凑成各种形象，就像以上所说的。可是我自己对于这样的解释，并没有满足。这样讲一套，大家听起来言之成理，可是我反问自己真的就这样吗？还是此心不安，大有问题。究竟它是怎么来的？还是一个大问题。我在这里把研究《易经》的经验告诉大家，所以我不大肯讲《易经》，如果自己认为自己对《易经》的意见就是真理，那就错了。文王、孔子都死了，欲向他们当面请教，又没有办法。所以研究学问，要用这样客观的态度，因此我说六十四卦的《周易》卦序为什么这样排列的问题，求之于古人，没有得到解决。

由此看来，几千年来，我们对于《易经》这本书，无论是哪位《易经》大家，乃至于上通天文、下知地理的人，都没有给我们一个圆满的解答，这是要注意的。

六十四卦有时候矛盾的地方很多，包括孔子的“十翼”在内。比如《彖辞》和《象辞》，对卦所下的定义，往往是相反的，都要去研究、考据。如认为《彖辞》是一人作的，《象辞》又是另外一人作的，并不完全是孔子作的，因此有一说，认为《彖辞》是孔子作的，《象辞》是周公作的。当然，这是“事出有因，查无实据”的事，周公也好，孔子也好，《彖辞》与《象辞》下的定义，有时是相反的，有时是一致的，这中间都是问题。求真理要会怀疑，当然也不要没有理由地乱怀疑，抗拒性的怀疑也不对，而是要虚心，怀疑也是虚心的一种态度，不要以崇拜性的观念认为前人一定是对的，这样就不科学了。

附　浅介南著《易经杂说》

闫修篆

《易经》是一部十分难读的书，很多人想读《易经》而不知从何着手，大家都以为《易经》是一部很神秘很玄妙的书。

历代贤哲有关《易经》的研究与著述，往往穷毕生之力，著作之富，亦属汗牛充栋洋洋大观，可惜的是历代的《周易》名家，都没有把他们的方法与心得，明白地告诉世人，因之史家多记其事而略其法，寻章摘句，望文探幽者，虽连篇累牍，然亦说多纷歧，使人如堕五里雾中，乃士大夫之易，对于一般社会大众，没有多大的帮助。

丁卯夏，于老古文化公司，得睹国学大师南

怀瑾教授的《易经》讲稿，拜读之下，简直使我难以想象，我会以读《江湖奇侠传》一样的心情，一口气将它读完，使我深深体会到古人“闲坐小窗读《周易》，不知春去几多时”的情景。

这本书所给我的印象——

这是一部引人入胜的书

《易经》本来是一部引人入胜的书，但这必须要先能入乎其内才可，初学者能像读武侠小说一样，那么传神、那么专注、那么引人入胜，实在是旷古以来仅有的第一部易学著述，这证明了《易经》“乾以易知，坤以简能”的说法是不错的，但也唯有真正懂得了《易经》的人，才能深入浅出，引喻举譬，说得这么清楚，这样明白，毫不隐僻含混，勉强凑合。本书引人入胜处，即在透过作者渊博的学识，把握了历史发展的趋势，将人事与自然法则、历史规则结合为一，南先生以其极为严肃的治学态度，轻松的口吻，网罗逸闻，探玄寻秘，透露了《易》的消息与秘密。

这是一部人人读得懂的书

如所周知，《易经》的难识难懂，由于象数的失传，本来艰涩的词句，幽晦不明的含义，已经造成了后人学《易》极大的文字障碍，复加以后世治《易》者纷歧不一的说法，使《易》愈以难识难晓了。南先生以其真知灼见，透过时代思潮与他丰富的人生经验，像写小说一样，极其平易地帮助我们解开了幽晦艰涩的苦结，使人人易知易晓，为青年学子、社会大众，牖启了一条崭新的学《易》门径。三圣心法，虽不敢说已由此可窥可见，但确已破解了千古以来学《易》的谜结。

这是一部融义理象数为一的书

世人说《易》，有所谓“义理之学”者，有

所谓“象数之学”者。义理之学是偏重人文的，这自晋朝的王弼开始，王弼主张扫象，所谓“得意而忘象，得象而忘言”，宋儒附之，遂使象数之学，隐晦了好几个世纪。象数之学，偏重心灵玄秘，是探赜索隐，寻求前识的学问，亦即近代所谓的心灵学、神秘学之类，在我国民众心理上占有很重要的位置。两种思想，极其泾渭，前者形成士大夫的独家殿堂，后者流入江湖，往往成为江湖术士混饭吃的工具。不知古人象数之学，本为演绎自然、阐明《易》理而设，如所谓“悬象著明”，使人们透过了“象”的启示，达到“明”的境地，明白事的悔吝，动的休咎。人们如何才能见了这个象而知所趋避？那必须要透过一种特殊的方法与程序，这个方法，各家不同，有管辂、虞翻的，有焦赣、京房的，有邵康节的……但他们的基本原理却是一样的，也都是象、理、数的综合运用而已。

老子说“人法地，地法天，天法道，道法自然”，这不与《易经·系传》所说的“有天道焉，有地道焉，有人道焉”的道理是一样的么？《易经》的一切作为，都是在“明于忧患之故，以前民用”为目的，可知后人执象数而弃义理，失去了古人作《易》的本旨，必将流入“其蔽也贼”的后果，扫象而得意，也明显地违背了《易经》“洁静精微”的精神。

这是一部与人人有关的书

前面说过，《易经》是为人事而设，这点《易经·系传》“开物成务，冒天下之道”“以通天下之志，以定天下之业，以断天下之疑”，已说明了一切，所以尽管《易经》包罗了天地间的一切学问，但这些莫不与人事有关，古人“不学《易》不可为将相”的话，虽然不错，但将相毕竟是芸芸众生中的极少数，“百姓日用而不知”，可见《易经》是与社会大众人人有关的了，也可以说上至将相，下至凡庶，凡天地之间的莫不与《易经》有关。南教授在本书中说明了爻为什么止于六，人生的历程，也是如此，一个卦的六爻，往往就是一个人一生各个阶段的指标，也可以说是人生经历的寒暑表，这中间已包括了亨通的、困阻的、危殆的、复苏的种种事实与启示。固然《易经》六十四卦，三百八十四爻，四千零九十六卦之，无一不为人事而设，但这多是告诉占者占得此卦此爻如何如何，本书作者却明白地指出了不待占而知的全部人生，每一个时期，每一个阶段，所应遵循的法则与规范。

这本书告诉了我们学《易》的捷径与秘诀

近代科学，关于“学习”的方法有着很多研究，教育家们希望能透过这种研究，来训练记忆，帮助学习，对于近代的教学活动，助益很多。但是生活在过去的人，在学习上便没有这样方便与幸福了，他们只有一个方法——老师教，学生学。聪明的人在吃足苦头之后，也往往会悟出许多科学的方法与技巧，来帮助学习，便利记忆，但他们却又不把这些方法告诉后人，使后来的人照着他们原来的路子去摸索，去碰撞。当他们吃足苦头后，又悟出了许多新的方法与技巧，也不告诉他们的学生，仍旧让他们自己去摸、去碰……我们的教育就是在这样情形下，不知道使后世学子多走了多少冤枉路。邵康节学《易》李挺之，就有过这种故事。当时邵康节向李挺之学《易》，邵康节请求李挺之，给他一点提示，不必明白说出内容即可。李挺之告诉了他“一二三四”几个数字，邵氏在易学上从此自成一家，在易学上的成就，可谓中世纪末的第一人。

在本书中一开始，南教授即将他个人过去学《易》所吃的苦头，不厌其详地告诉大家，他毫不保留地把他困而知之的方法与心得，明明白白地告诉读者。如果我们不学习《易经》则已，假如我们打算拿《易经》来玩玩，有关《易经》的一些基本知识，如卦名、卦序、八宫卦变、六十四卦方圆图等，却必须详知熟记。本书中有很多学习《易经》的技巧与要领，使我们可获得事半功倍的效果。

本书告诉了我们学《易》的千古不传之秘

《易经》对世人来说，始终是一个谜，多少人被它所吸引、所迷惑，尤其历史上那些用《易》的大家，对后世的诱惑力，实在太大了。家喻户晓的诸葛亮、李淳风、刘伯温等自不待言，后汉的司马季主、焦京师徒，三国的管辂，晋朝的虞翻、郭璞，宋朝的邵康节等，可以说代有奇人，在历史的记载中，这些人都有前知的能耐，但他们的方法，却湮而未传。后世虽有火珠林、金钱课之法，也有《黄金策》——明代胡宏著——之述，但求之于昔日卜者之如响斯应，则已不多见了。因之象数之学，遂流为江湖人士觅食之术，为士人所不苟同。其实江湖术士觅食者流固多，但亦不乏高世奇人之风者，至其术则类于庄子洴澼絖的故事，“有以封者，有以洴澼絖而终其生者”，下面我们举一则有关汉朝管辂的故事：

石苞是鄴郡掌理农业的官员，问管辂说，你们同乡有一个人叫翟文耀，会隐身术，是否可信？管辂说，这是阴阳避匿之数，如果知道了这个方法，即山河大地，皆可隐藏，何况一个人在变化之内的七尺之躯，散云雾可以隐身，洒金水可以灭形，术足数成，这是很容易的事……

但这却不是很容易的，本书中到处都散发了个中消息，要在有心者去捕捉去寻觅它了。

总之，本书可说是南教授学《易》的心得报告，其中揭发了很多千古不传的秘密，也有些是他个人独到的创见与发明，虽不敢说已得三圣之秘钥，但却把《易经》与我们人生的关系，更拉近了一步。如同前面说过，《易经》是与人人有关的书，透过本书的问世，我们希望人人都能获得《易经》的帮助，无论你是政治家，企业界的领导人，抑是初出茅庐被领导的上班族，是“潜龙勿用”的在校学生或“飞龙在天”的功成名就、爬上事业巅峰的大家……本书对你趋吉避凶，走上成功之路，永享成功的果实，都会有着极大的帮助和影响。

图书在版编目(CIP)数据

易经杂说:袖珍版/南怀瑾讲述.—北京:东方出版社,2019.5
(南怀瑾著作袖珍典藏系列)
ISBN 978-7-5207-0406-9

Ⅰ.①易… Ⅱ.①南… Ⅲ.①《周易》-研究 Ⅳ.①B221.5

中国版本图书馆 CIP 数据核字(2018)第 148341 号

易经杂说(全二册)
南怀瑾 讲述

责任编辑: 王 艳
封面设计: 张 军
出　　版: 东方出版社
发　　行: 人民东方出版传媒有限公司
地　　址: 北京市东城区朝阳门内大街 166 号
邮　　编: 100010
印　　刷: 北京联兴盛业印刷股份有限公司
版　　次: 2019 年 5 月第 1 版
印　　次: 2023 年 3 月第 5 次印刷
开　　本: 880 毫米×1230 毫米 1/64
印　　张: 8.25
字　　数: 244 千字
书　　号: ISBN 978-7-5207-0406-9
定　　价: 96.00 元
发行电话: (010)85924663 85924644 85924641